토크빌의
빈곤에
대하여

Memoir on Pauperism

by Alexis de Tocqueville

Introduction by Seymour Drescher and Gertrude Himmelfarb

Copyright ⓒ 1997 by Seymour Drescher and Gertrude Himmelfarb,

used by permission of Ivan R. Dee

토크빌의 빈곤에 대하여

초판 1쇄 발행일 2014년 7월 31일   **초판 2쇄 발행일** 2019년 7월 10일

지은이 알렉시스 드 토크빌 | **옮긴이** 김영란·김정겸
펴낸이 박재환 | **편집** 유은재 | **관리** 조영란
펴낸곳 에코리브르 | **주소** 서울시 마포구 동교로 15길 34 3층(04003)
전화 702-2530 | **팩스** 702-2532
이메일 ecolivres@hanmail.net | **블로그** http://blog.naver.com/ecolivres
출판등록 2001년 5월 7일 제10-2147호
종이 세종페이퍼 | **인쇄·제본** 상지사 P&B

ISBN 978-89-6263-119-7 03330

책값은 뒤표지에 있습니다.   잘못된 책은 구입한 곳에서 바꿔드립니다.

토크빌의

Mémoire sur le paupérisme

빈곤에
대하여

알렉시스 드 토크빌 지음 | 김영란·김정겸 옮김

에코리브르

차례

서문

—거트루드 히멜파브

토크빌의 《미국의 민주주의》에는 빈곤에 대한 언급이 없고, 그의 또 다른 책 《빈곤에 대하여》에는 민주주의에 대한 언급이 없다. 그러나 그 두 주제와 두 작품은 긴밀하게 연관되어 있다.

《빈곤에 대하여》를 쓴 것은 《미국의 민주주의》 1권이 완성된 직후인 1835년 초였다. 토크빌은 2년 전인 1833년에 영국을 방문하고 빈곤을 주제로 한 영감을 얻었는데, 그 주제는 《미국의 민주주의》를 쓰는 내내 그의 머릿속을 떠나지 않았다. 사실 그는 영국이라는 나라 전체에 마음이 빼앗겨 있었다. 토크빌의 미국 여행에 동반한 귀스타브 드 보몽(Gustave de Beaumont)에 따르면, "존 불(John Bull, 영국인)"이 자신의 아들에게 상속한 재산을 몸소 확인하러 토크빌과 함께 미국에서 곧장 영국으로 갈 계획이었다고 한다.[1] 그러나 영국에 유행성 콜레라가 발생하는 바람에 그 계획은 무산되고 말았다. 하는 수 없이 1832년 3월, 두 사람은 전염병으로 고통받으면서 정치적으로 격렬한 대치 상황에 있던 프랑스로 돌아왔다. 1년가량 토크빌은 《미국의 민주주의》를 집필하는 데 집중할 수 없었다. 첫째 이유는 미국의 감옥에 관한 책을 보몽과 공동 집필하기로 하고 일관성 없이 협조하고 있었기 때문이다. 그것이 미국 여행의 표면적인 목적이기도 했다. (결국 그 책의 대부분은 보몽이 썼다.) 두 번째는 루이 필립 왕을 타도하겠다는 무모한 계획을 공모한 자들 가운데 두 사람을 옹호하는 데 연루되었기 때문이다. 〔한 명은 오랜 친구이고 또 한 사람은 드 베리 공작부인(Duchesse de Berry)이었다. 공작부인은 샤를 10세(Charles X) 장남의 전 부인이었다.〕

　토크빌은 또다시 프랑스를 떠나 영국으로 여행 가기 전 간신히 《미국의 민주주의》에 착수했다. 이번 영국 방문은 미국을 낳은 영국을 둘러보려는 의도뿐 아니라 몇 년 전 베르사유에서 만난, 훗날 결혼하게 될 영국 약혼녀를 만나기 위해

　　　　　　　　　　　토크빌의 빈곤에 대하여

서였다. 그는 1833년 8월 영국에 도착했다. 그해는 영국의 중간계급에게 선거권을 부여한 선거법 개정법이 통과되고 1년이 지난 때였다. 영국인은 놀랄 만한 평정심으로 그 정치적 위기에서 벗어났다. 하지만 프랑스에서는 정치적 위기가 자주 혁명으로 치달았기 때문에, 프랑스인에게 영국은 여전히 위험하고 불안한 상황에 있는 것처럼 보였다. 토크빌은 프랑스를 떠나기 전 사촌에게 이런 편지를 보냈다. "영국은 분명히 혁명의 위기에 놓여 있어. 그걸 보려면 지금 당장 거기에 가야 해. 그건 훌륭한 연극의 마지막 장면과 같아서, 나는 서둘러 영국으로 가려고 해."[2]

토크빌은 이윽고 영국에 상당한 사회 변혁이 일어나고 있음을 발견했는데, 이를 "귀족주의 원리"가 "민주주의 원리"로 대체되고 있다고 진단했다. 그 무렵 영국에는 프랑스가 겪은, 명백한 정치적 혁명의 위협이 존재하지 않았다. 토크빌은 한 저널에서 프랑스와 달리 영국의 중간계급은 귀족의 권리를 박탈하지 않고 그 권한을 공유하려 했다고 썼다. 영국 귀족은 중간계급을 수용할 수 있었다. 재산을 얼마나 가지고 태어나느냐로 중간계급이 정해진 까닭에 프랑스인보다 좀더 개방적이고 유연했다. 따라서 영국은 폭력이나 시민전쟁 없이 귀족주의에서 민주주의로 전환하고 있는 것처럼 보였다. 그렇지만 분명 혁명의 위협은 무시할 수 없었다. "인간의 정신이 사람 속에서 움직이기 시작하면, 그것이 어디서 끝날지 미리 말하는 것은 거의 불가능하다."3

토크빌은 영국에서 다사다난한 5주를 보내고 파리로 돌아와 《미국의 민주주의》 작업에 진지하게 몰두했다. (옥스퍼드 대학을 방문해서는 장학금보다 대학이 지닌 엄청난 부에 깊은 인상을 받기도 했다.) 1권을 쓰는 데 채 1년도 걸리지 않았다. (프랑스에서는 원래 두 권으로 출간되었다.) 1834년 8월까지 토크빌은 한 달 동안 사냥을 떠날 수 있었다. 그가 보몽에게 써 보냈듯이 "어깨에 사냥총을 둘러메고 겨드랑이에는 원고뭉치를 끼고 있었다."4 10월에 퇴고를 끝마쳤으나 출판이 한 달 연기되는 바람에 책은 1835년 1월에 세상에 나왔다.

《미국의 민주주의》는 순식간에 큰 성공을 거두며 출판사에 엄청난 놀라움을 안겨주었다. 1840년 2권이 나오기 전까지 초판 500부가 나가고 이어 1000부, 다시 몇 천 부가 팔렸다. 그 책은 비평가들을 비롯해 명망 높은 인물들에게서 찬

사를 받았고, 프랑스 한림원에서 탐나는 상도 받았다. (그러나 토크빌은 한림원 회원이 되진 못하고, 명망이 덜한 도덕·정치학 아카데미 회원에 선출된 것으로 만족해야 했다. 2권이 출간되고서야 프랑스 한림원 회원에 선출되었다.) 거의 동시에 영문판도 출판되어 열광적인 주목을 받았는데, 가장 눈에 띄는 인물은 존 스튜어트 밀이었다. 1835년 5월, 두 번째로 영국을 방문했을 때 토크빌은 유명인사 대접을 받았다.

1835년 초, 《미국의 민주주의》 1권이 출판되고 영국을 두 번째로 방문하기 얼마 전, 토크빌은 세르부르 왕립학회 앞으로 《빈곤에 대하여》를 보냈다. (세르부르는 그의 집에서 몇 마일 떨어져 있었다.) 《빈곤에 대하여》는 토크빌의 저작 가운데 가장 알려지지 않은 글이다. 1835년 왕립학회에서 출판되었고 1860년대 보몽 판의 토크빌 전집에는 수록되지 않았으며 1968년에야 영어로 번역되었다. 그렇다고 당시 《빈곤에 대하여》가 전혀 알려지지 않은 건 아니었다. 1830년대와 1840년대에 그 글에 대해 몇 차례 언급이 있었다.[5]

토크빌은 장 세이(Jean B. Say)의 《정치경제론(Cours d'économie

politique)》에 나오는 빈곤 문제에 대해 알고 있었을 것이다. 그는 1828년 그 책이 출판되자마자 곧바로 읽었고, 보몽과의 미국 여행길에서 다시금 읽었다. 그 책의 5권 마지막 장은 "공적 구호"에 관한 내용으로, 맬서스 이론을 재차 강조하고 있다. 이 이론에 따르면 인구는 언제나 생존 수단을 앞지르는 경향이 있다고 한다. 더군다나 가난한 자들이 자신의 노동이 아니라 정부의 지원으로 대가족을 꾸리도록 구호 정책이 장려될 때는 더 한층 그렇다. 세이는 여기서 더 나아가, 오늘날 빈곤의 '공급' 법칙으로 일컫는 이론을 확립했다[19세기 초반 프랑스 경제학자 세이는 공급이 수요를 창출한다는 법칙을 주장했다. 경제가 불균형 상태(수급불일치)에 놓이더라도 이는 일시적인 현상에 불과하며 장기적으로는 수요가 공급 수준에 맞추어 자율적으로 조정되므로 경제는 늘 균형을 이룬다는 것이다―옮긴이].

영국은 불행한 사람들이 이용할 수 있는 안식처가 가장 많은 나라이며, 아마도 불행한 사람 대부분이 지원을 요구하는 나라다. 공공복지나 사적 단체가 개방되어 수백, 수천의 사람들―결국 모든 사람―로 채워질 것이다. 사회에는 평등한 진입 허가를 요구하는 수많은 불행한 사람들, 혹은 그런 진입 허가 사실을 안다면 권리로서 요구하게 될 수많은 불행한 사람들이 있게 될 것이다.[6]●

토크빌의 《빈곤에 대하여》에 세이의 말과 공명하는 내용이 있다면, 그것은 빈곤 문제에 깊은 관심을 쏟게 된 영국에서의 개인적인 생생한 경험 때문이었다. 1833년 영국 방문 때 그는 급진파 의원이자 치안판사인 래드너 경의 초청으로 빈자와 관련한 공개재판에 몇 차례 참석했다. 《빈곤에 대하여》에는 첫 공판정에 관한 이야기가 길게 인용되어 있다. 구

● 세이의 주석에 따르면, 영국에서 빈곤 문제가 매우 심각했기 때문에 영국인이 '빈곤(pauperism)'이라는 낱말을 발명했다고 한다. 하지만 그리 오래지 않아 프랑스인도 이 낱말을 사용했다. 1834년 프랑스에서 알방 드 빌뇌브-바르주몽 (Alban de Villeneuve-Bargemont)의 《기독교적 정치경제학(Economie politique chrétienne)》 3권이 출판되었는데, 토크빌도 이 책을 읽었다. 이 책의 주제는 부제인 "프랑스와 유럽의 빈곤 성격과 원인, 빈곤 완화 및 예상 수단에 관한 연구 (Recherches sur la nature et les causes du paupérisme en France et en Europe et sur les moyens de le soulager et de le prévenir)"에 반영되어 있다. 노르는 산업 노동자들 사이에서 빈곤율이 가장 높은 지방이었고, 이곳 도지사를 지낸 빌뇌브-바르주몽은 다음과 같이 주장했다. "빈곤은 나태의 문제가 아니라 산업 문제, 즉 일의 부족이나 충분치 못한 임금의 문제다. 개인 자선도 공공 자선도 빈곤 문제의 해결책이 아니다."[7]

호를 받으려는 지원자들에 대한 인상뿐 아니라 구빈법이 사람들을 타락시키는 효과에 관한 래드너의 설명까지도 적혀 있다. 구빈법에 대해 래드너는 토크빌에게 이렇게 전했다. 구빈법은 사람들에게 공적 지원을 받을 권리를 갖고 있다고 생각하게 만듦으로써 무책임을 조장하고, 사생아를 물질적 혜택을 얻는 수단으로 삼아 사실상 "오명의 지참금"[8]•을 아이 엄마에게 줌으로써 부도덕을 부추겼다고 말이다.

이 방문에서 토크빌은 나소 시니어(Nassau Senior)를 만났는데, 이후 두 사람은 좋은 친구가 되었다. 자주 편지를 주고받으며 사회경제적 사건들을 전하는 귀한 정보제공자가 되었다. 시니어는 자신을 소개하던 토크빌을 이렇게 회상했다. "알렉시스 드 토크빌입니다. 당신을 만나려고 왔습니다."[10] 경제학자이자 옥스퍼드 대학 교수인 시니어는 방대한 구빈법 보고서 준비를 책임진 왕립위원회의 가장 영향력 있는 위

• 토크빌은 《빈곤에 대하여》의 독자들에게 저널을 인용하기 전과 후 두 차례에 걸쳐 글의 내용을 전혀 바꾸지 않고 "꼼꼼하고 정확하게" 다시 썼다고 장담했다. 그럼에도 발췌한 내용이 원본과 정확히 일치하지 않는다.[9] 《빈곤에 대하여》의 마지막 문단은 원래 글의 몇 대목을 얼추 결합한 것이다. 아무튼 "오명의 지참금"이라는 극적인 구절은 원본에는 없다.

토크빌의 빈곤에 대하여

원이기도 했다. 토크빌은 관심을 가져오던 《초록(Extracts)》 초안이 1833년에 발행된 것을 알고, 이듬해 3월에 시니어에 게 그 보고서의 복사본을 받아볼 수 있는지 청하는 편지를 썼다.[11] 1년 뒤, 셰르부르 학회로부터 그 문서를 전해 달라는 요청을 받자 토크빌은 구빈법 보고서의 결과로 채택된 신구빈법 전문을 부탁하는 편지를 또다시 시니어에게 보냈다.[12] 시니어는 토크빌에게 문서를 보내며, 이 문건들에 들인 자신의 공에 대해 과하지 않은 겸손함으로 이렇게 썼다. "적어도 보고서의 4분의 3은 제가 썼습니다. 제가 쓰지 않은 나머지 부분도 직접 다시 교열을 보았습니다. 그 보고서를 기초로 만든 법령의 상당 부분도 제 손으로 썼지요. 사실 좋든 나쁘든 (분명 어느 한 쪽일 테고 엄청날 걸로 봅니다만), 그 결과는 전적으로 제 책임입니다."[13]

1833년 저널에서 토크빌은 혁명의 가능성을 숙고하며, 선거법 개정법으로 동요가 일어나고 동시에 구빈법으로 비참함이 증가하고 있는 것에 대해 이렇게 언급했다. 이는 "의심할 바 없이 대중의 분노에 예측 불허의 자극을 줄 수 있는"[14]

결합이다. 사실 구빈법의 오랜 불만이 선거법 개정법을 앞당 겼으나 일부 역사가들이 지적하듯 "지대(地代)"의 통제에서 벗어나려는 "새로운 자의식을 가진 중간계급"의 전략은 아니 었다.[15] 왕립위원회는 선거법 개정법이 통과되기 몇 달 전, 그 러니까 개혁이 이뤄지지 않은 의회에서 임명되었다. 2년 전 상원 선거위원회가 조직되어 구빈법을 조사했다. 이는 "스윙 폭동"을 촉발해, 처음에는 탈곡기에 대항하던 러다이트 운동 이 건초와 헛간에 불을 지르는 것으로 번지고 지주·농부· 목사 들에게 가는 우편을 위협했다("캡틴 스윙"의 신호로 일어나 서 스윙 폭동(1830년 영국 지방의 폭동 시기에 일어난 우편 위협 사건 들에 붙여진 이름이다. 당시 노동자들은 새로운 탈곡기 도입과 생계수 단의 상실로 폭동을 일으켰는데, 이를 주도한 캡틴 스윙은 19세기 초 사회적·정치적 변화로 극빈과 절망에 빠진, 근면한 소작농으로 알려졌 다―옮긴이)이라 일컫는다). 토크빌도 공감하듯이, 부분적으로 는 당시 프랑스혁명의 영향으로 언론에서 지레 과장하는 바 람에 선거법 개정 법안을 두고 일어난 폭동과 연이은 소요 가, 영국이 혁명에 직면해 있다는 인상을 심어주었다.

상하원 의회가 구빈법 문제를 상정하는 것 자체가 도발적이었다. 영국이 구호와 관련해 국가적·법적·강제적·공적·일상적 제도를 마련한 첫 번째 국가라는 차별성을 얻을 수 있었기 때문이다. 구빈법은 16세기로 거슬러 올라가는데, 당시 수도원들이 해산되면서 교회가 챙겨오던 궁핍한 자들을 정부가 돌봐야 했다. 엘리자베스 통치 기간이 끝나갈 무렵, 노인과 병자에게는 구호금("원외 구호")과 구빈원("원내 구호")을, 아동에게는 도제를, 작업장이나 구빈원의 노동 능력이 있는 사람에게는 임시 보호소와 일거리를 제공하도록 법으로 성문화했다. 이 제도는 전국적이긴 하지만 행정은 지방적이었고, 각 교구에는 "정착"(법적 거주)민의 구호비 마련을 위해 가구에 대한 구빈세 부과가 법으로 요구되었다. 엄격함과 관용의 정도가 다르고 때와 장소에 따라 달리 적용된 이 제도는 혁명, 전쟁, 중대한 사회적·산업적 변화를 거치면서 2세기 동안 살아남았다.

18세기 후반에 "스핀햄랜드 제도"의 형식으로 의도치 않게 중요한 혁신이 일어났다. 1795년의 흉작과 나폴레옹 전쟁으로 인한 고난에 대처하는 과정에서 버크셔의 치안판사들이 스핀햄랜드에 모여 빵값과 가족 규모에 따라 생계비를 결정하고, 그 이하의 돈을 받는 "모든 가난한 노동자"에게 교구 보조금을 지불해 최저 생계비 수준으로 끌어올리라는 판결을 내린 것이다. 유사한 정책이 곧 다른 지역, 특히 상당 수 노동자가 교구에 의존하는 남부 지방의 빈곤 지역에 적용되었다.

결과적으로 구빈세가 크게 늘어났고(국민총지출의 거의 5분의 1에 이르렀다), 구빈법으로 말미암은 악순환이 되풀이되었다. 이를테면 임금 감소(구빈세로 보충했다), 자작농 감소(구빈세를 납부해야 했다), 농업 실업자 증가(자작농은 농업노동자의 수를 늘렸다), 생산성 추락(극빈 노동자는 임금 노동자보다 능률이 떨어졌다), 높은 식료품 가격(생산성 하락의 결과다), 인구 증가(구호가 조혼과 다산을 부추겼다), 여전한 저임금(인구 증가가 원인이다) 등이 빈민의 "빈곤화"와 "도덕적 해이"를 불러왔던 것이다. 따라서 1830년대 초까지 구빈법 개정 요구는 선거법 개정 요구만큼이나 강경했다.

왕립위원회 지명은 정부의 회피 혹은 지연 전략이었다. 이럴 경우 신중하게 행동할 수밖에 없었다. 나소 시니어와 에드윈 채드윅(왕립위원회 소속으로 벤담의 전 비서였고 시니어보다

토크빌의 빈곤에 대하여

훨씬 정력적이고 외골수였다)은 처음부터 알고 있었다. 보고서 준비위원회를 조직하고 보고서를 작성해 배포하고 출판하는 일을 통해 그들이 열렬히 성취하고자 희망한 것이 무엇인지 말이다. 1833년 400쪽짜리 《초록》 초안이 1만 5000부 팔리고, 이듬해에 발간한 200쪽짜리 최종 보고서는 1만 부가 판매되었다. 또 지방행정부에 10만 부를 무료로 배포하고 보고서를 옹호하는 진술서와 문건을 엮어 15권으로 발간했다. 이후 논쟁이 이어지고 증거가 쏟아져 나오고 언론의 관심이 집중되는 가운데, 1834년 개정 구빈법(신구빈법)이 보고서의 권고 대부분을 채택했다는 사실은 놀라운 일이 아니다.

토머스 맬서스와 그 밖의 인물들이 충고한 것과는 반대로, 보고서는 구빈법을 폐기하기보다는 개혁하라고 권고했다. 개혁의 주목적은 "빈곤이라는 말에서 유해한 모호성"[16]을 제거하는 것이었다. 실제로 "독립적인 빈민"(일하는 빈민)과 빈자(극빈자)를 엄격히 구별함으로써, 즉 구호의 수혜자를 빈자로 한정함으로써 스핀햄랜드 제도는 무력화했다. 노인과 병자에게는 현금이나 현물의 원외 구호가 계속 이뤄졌다. 하지만 노동 능력이 있는 빈자는 작업장에서만, 또 "열등처우의 원칙(principle of less-eligibility: 빈민 구호가 노동시장의 최저 임금보다 낮은 수준으로 이루어지는 것—옮긴이)"에 따라서만 보조를 받을 수 있었다. 열등처우란 일반 노동자보다 "더 낮은"(덜 바람직한 혹은 덜 유리한) 조건을 말한다. 이러한 조치는 노동 능력이 있는 빈자를 자립하도록 격려하고, 노동자가 극빈 상태에 빠지는 것을 방지하며, 진짜 궁핍한 자(열등처우의 원칙이 적용되지 않는 사람)를 이전처럼 돌볼 수 있게 한다.

이러한 배경에서 토크빌이 《빈곤에 대하여》를 쓴 것이다. 그의 분석은 모든 나라에 적용되긴 해도 특히 영국에 딱 들어맞는다. 미국이 민주적 정부의 원형이듯 영국은 사회 개혁의 원형인 것처럼 말이다. 하지만 토크빌은 공공 구호 자체, 즉 권리로서 구호를 확립하려는 모든 법의 기본 원칙에 도전함으로써 영국 개혁가들과 상당한 이견을 보였다.

사실 《빈곤에 대하여》는 일련의 역설이다. 가장 풍요한 나라 영국에 가난한 자가 가장 많은 반면, 가장 가난한 나라에 가난한 자가 가장 적은 유럽의 모순적인 모습을 보여주면서 《빈곤에 대하여》는 시작한다. 이 역설을 설명하기 위해 토크빌은 (앞서 루소처럼) 역사 이전의 수렵 시대로부터 사회의 진화를 추적한다. 수렵 시대 인간들은 가장 기본적인 필요를 해결하는 데 온통 사로잡혀 있었고, 때문에 본질적으로 평등했다. 농업 시대 들어 땅의 경작과 소유가 필요를 넘어 욕구를 만족시킴으로써 불평등한 상황이 빚어졌다. 이후 모든 시대가 저마다 모순을 갖게 되었다. 이를테면 중세 시대에는 최고급 사치품들이 최소한의 안락과 결합했다면, 현대에는 산업경제가 더욱 많은 사람들에게 부를 안겨주는 반면 산업경제의 부침은 또 다른 사람들을 빈곤 상태로 내몬다. 문명화 과정으로 점점 더 많은 필요가 욕구로 탈바꿈하고, 다른 나라의 기준으로 보면 부유층에 속하는 빈곤층이 영국에서 양산되고, 동시에 영국은 빈곤층의 조건을 완화할 수 있고 기꺼이 완화하는 사회다. 그렇게 해서 가장 부유한 나라에 가난한 자가 가장 많은 일이 벌어진다.

이 대목에서 "공공 자선"이나 "법적 자선"(오늘날의 구호나 복지)이 가난한 자에 대한 전통적인 원조 형태인 개인의 자발적 자선을 보완하기 시작한다. 여기서 우리는 역사의 궁극적인 아이러니와 마주하게 되는데, 선한 의도가 예측 불허의 불행한 결과를 낳는다는 사실이다.

한눈에도 공공 자선보다 더 아름답고 거창한 생각은 없어 보인다. 사회는 상처를 탐색하고 치유하면서 지속적으로 스스로를 살핀다. 동시에 부자에게 부의 향유를 보장하고 빈자에게는 극심한 비참에 대한 대비를 약속한다. 그런가 하면 다른 사람들에게 기본 생필품을 마련해주기 위해 일부 사람들에게 자기 잉여를 선뜻 내놓을 것을 부탁한다. 이는 확실히 감동적이고 고양되는 장면이다.[17]

그 의도가 얼마나 고상하든, 공공 자선에는 치명적 결함이 있음을 토크빌은 밝히고 있다. 공공 자선이 인간 본성의 가장 기본적인 사실을 부정하기 때문인데, 즉 인간은 생명 유지뿐만 아니라 여건 향상을 위해서도 일한다는 사실이다. 불행히도 인간 대다수를 추동하는 것은 첫 번째 동기인데, 인간에게 자선을 법적 권리로 부여하는 것은 곧 그 동기를 빼앗고는 게으르고 경솔한 삶을 산다며 그들을 비난하는 것이다. 이는 또 다른 역설을 보여준다. "권리" 자체는 고양되고

토크빌의 빈곤에 대하여

영감을 주는 생각이다. "어떤 요구에서 간청의 성격을 제거하고, 요구하는 사람을 당연하게 누리는 사람과 같은 수준에 올려놓는 것이 권리라는 생각에는 위대하고 굳센 무엇이 있다."[18] 하지만 다른 권리와 달리 공공 자선을 받을 권리는 이를 요구하는 사람을 의존적이고 게으르다며 비난하고 경멸하게 만든다.

공공 자선에 대한 토크빌의 고발에서 중요한 단서를 간과하기 쉽다. 그는 지나가는 말로 자신의 이의제기는 노동 능력이 있는 빈자에게만 적용된다고 설명하기 때문이다. 그는 "공공 재난" 시기뿐 아니라 "무력한 유아, 노쇠한 노인, 병자, 정신이상 같은 불가피한 악"에 대해서도 공공 자선의 유용성과 필요성을 인정한다. 재난 시기에 구호는 "예측하지 못한 만큼 자발적이고 악 자체만큼이나 일시적"이다.[19]● 영

● 세이는 유사한 조건을 들어 공공 구호에 대한 토크빌의 이의에 동조했다. 이를테면 부모들이 자녀들을 "무료 쉼터" 같은 "일상적 자원"을 얻는 수단으로 여기지만 않는다면, 유기 아동들을 위한 쉼터 운영을 찬성했다. 또 비행(非行)으로 말미암지 않은 불행한 사람이나 시각장애, 청각장애 같은 선천성 질환을 가진 이들을 돌보는 것을 지지했다. 구호를 해도 그들은 증가하지 않을 것이기 때문이라고 그는 설명했다. "인간성은, 사회가 그들을 돕고 정치가 그 도움을 가능하게 할 것을 요구한다."[20]

구적 권리로서 구호를 요구하는 노동 능력이 있는 사람만이 문제가 된다. 하지만 노동 능력이 있는 사람이라고 구호에 기댈 수 없는 건 아니다. 필요한 시기에 개인 자선, 즉 어떤 권리나 보장이 따르지 않지만 공공 재난의 시기에는 공공 구호로서 "자발적"이고 "일시적"인 자선을 요구할 수 있다.

《빈곤에 대하여》의 요지가 공공 자선, 즉 권리로서 자선을 반대하는 논쟁이라면, 그 논쟁의 필연적인 귀결은 개인 자선, 즉 자비 행위로서 자선을 옹호하는 것이다. "은밀하고 일시적인" 개인 자선은 공공 자선보다 수혜자에게 덜 모욕적이고 경멸적이라고 토크빌은 주장한다. 공공 자선은 권리로서 요구할 수 있을지 모르지만 사실 "비참, 무기력, 비행을 공인하는 선언"[21]이다. 게다가 사회는 공공 자선보다 개인 자선으로 더 잘 돌아간다. 자발적인 개인 자선은 기부자와 받는 자 사이에 "도덕적 유대"를 만들어내지만, 법적 자선은 그 거래에서 도덕적 요소를 제거한다. 기부자는 (납세자로서) 비자발적 기여에 불만을 품게 되고, 받는 자는 당연한 권리처럼 받고 때로는 부족하다고 여기며 고마움을 느끼지 않는다.[22]•

이것이 토크빌 논쟁의 마지막 역설이다. 개인 자선은 공공 자선보다 약해 보일지 모른다. 가난한 자에게 지속적이고 확실한 도움을 주지 못하기 때문이다. 하지만 어떤 의미에서 이것은 개인 자선의 강점이다. 다른 것들(게으름, 나태 등)을 양산하지 않고 수많은 비참을 완화할 수 있는, 일시적이고 자발적인 성격 덕이다. 그런가 하면 문제이기도 하다. 중세 시대에는 충분했던 개인 자선이 오늘날 산업 시대에는 불충분하기 때문이다. 이것이 지금 사회가 직면한 문제라고 토크빌은 꼬집는다. 공공 자선은 만족스럽지 못하고 개인 자선은 불충분하다면, 노동계급이 어떻게 새로운 빈곤을 피하고 "자신들이 창출하는 번영을 저주"[23]하지 않도록 하겠는가? 이 중대한 시점에 다음 논문을 통해 빈곤의 예방책에 관한 문제를 이어가겠다는 토크빌의 약속과 함께 이 에세이는 돌연 끝이 난다.

1838년 세르부르 학회에서 출판하겠다고 발표한 속편은 나

• 토크빌은 개인 자선의 조정 단체인 두 기관, 즉 1845년에 설립된 자선연보(Annales de la Charité)와 1847년에 설립된 자선경제회(Société d'Economie Charitable)의 창립 멤버였다.

오지 않았다. 최근까지도 쓰지 않았다고 여겨졌다. 그런데 토크빌 기록보관소에서 16쪽과 부록 5쪽으로 구성된 "빈곤에 대한 두 번째 작업, 1837"이라는 제목의 원고가 발견되었다. 현재 이 원고는 새 판본의 토크빌 전집에 수록되어 있다.[24]

첫 번째 에세이처럼 두 번째 에세이도 빈곤 문제의 역사적 조망으로 시작한다. 알고 있듯이, 대규모 농장이 성장하면서 소규모 농민들이 프롤레타리아가 되었다. 더불어 방종(폭음), 무절제(경솔), 분별없는 결혼, 다산 같은 도덕적 해이의 익숙한 징후들이 나타났다. 이러한 상황은 프랑스에서는 부동산이 흔히 유산상속으로 분할되므로 장자상속이 만연한 영국보다 덜 심각했다. 작긴 해도 재산 소유가 빈곤을 예방하는 도덕적·사회적 미덕을 심어주기 때문이다.* 유감스럽지만

---

* 시니어는 토크빌에게 확신을 주려고 노력했지만 실패했다. 장자상속과 한정상속(장자를 재산상속인으로 한정하는 것─옮긴이)은 토크빌이 생각하는 것처럼 악덕이 아니며, 사실 프랑스보다 영국이 더 민주주의적이라는 사실을 확신시키지 못한 것이다.[25] 《미국의 민주주의》를 준비하면서 토크빌은 다음과 같은 관찰을 메모해놓았다.

민주주의를 위해 가장 중요한 것은 큰 행운들이 존재하지 않아야 한다는 것이 아니라, 큰 행운들을 한 손에 쥐어주지 않아야 한다는 것이다. 그런 방식(한 손에 큰 행운들을 쥐는 식)으로 부유해지지만 그렇다고 그들이 계급을 형성

　　　　　　　　　　　　　　토크빌의 빈곤에 대하여

산업 재산은 분할이 불가능하다. 산업은 구조 면에서 "귀족적"이며, 부유한 자본계급과 재산이 없는 프롤레타리아로 나뉘기 때문이다. 영국에서는 산업이 농업보다 상업적 위기에 더 종속적이어서 산업 재산의 분할 문제가 악화된다. (프랑스는 무역에서 더 자립적이고 덜 의존적이어서 그 같은 위기에 덜 종속적이다.)

그렇다면 산업노동자에게 "소유의 정신과 습관"을 어떻게 불어넣을 것인가 하는 의문이 생긴다.[27] 해결책의 하나는 공장에서 노동자에게 지분을 주는 것이겠지만 자본가가 반대할 것이 분명하다. 또 다른 해결책은 노동자 협동조합을 만드는 것이다. 하지만 비효율이나 내분으로 실패할 공산이 있다. 미래에는 "노동자 협회"가 거대 산업을 통제하는 데 성공할지 모르지만, 아직은 시기상조다. 반면 다른 전략이 추진될 수 있다. 이를테면 국가가 운영하는 저축은행을 통해 노동자에게 유리한 금리를 제공해 저축을 독려하거나, 지방

하지는 않는다.
무역과 산업은 60년 전보다 오늘의 미국에서 더 큰 개인적 행운들을 만들어낼 것이다. 하지만 장자상속권과 한정상속권을 폐지함으로써 민주주의적 열정, 본능, 격언, 취향 등은 그때보다 더 우세해졌다.[26]

전당포와 합병한 저축은행을 통해 전당포의 이자보다 낮은 금리로 빈자에게 대출을 해주는 전략이다. 하지만 두 전략 모두 국가의 통제와 중앙집권이 과도해지는, 심각한 단점을 안고 있다.

두 번째 원고는 이 문제를 해결하지 못하고 결말에 이른다. 토크빌이 두 번째 《빈곤에 대하여》의 출판을 거절한 이유, 혹은 끝내기를 거절한 까닭을 충분히 이해할 수 있다. 아마도 산업 빈곤의 문제는 그가 다루기 곤란한 문제였기 때문에, 또는 충분히 숙고하지 못한 탓에 첫 번째 《빈곤에 대하여》와 같은 철저한 조사와 열정이 이 에세이에는 부족하다. 물론 기본 원칙은 충분히 밝히고 있다. 즉 노동계급이 농업에서처럼 산업에서도 빈곤의 해악에 굴하지 않으려면 재산이라는 밑천이 필요하다거나, 빈곤의 조건을 완화하는 데 어떤 대책을 취하든 국가의 힘과 중앙집권이 더 강력해져서는 안 된다는 것 등 말이다. 하지만 이 에세이의 단점 역시 분명하다. 개인 자선 혹은 공공 자선에 의지하지 않고, 또는 전당포의 낮은 금리처럼 사소한 대책에 기대지 않으면서 가난한 자의 여건을 향상시킬 산업주의의 잠재력을 상상해내는 데 실패한 점이다.

이미 반세기도 훨씬 전에 애덤 스미스는 산업 빈곤 문제를 예측했다. 당시 그는 국가의 부—그리고 국가 모든 계급의 행복—가 자유롭게 확대되고, "진보적인" 경제가 이룩된다고 했다. 기이한 것은 토크빌의 책 어디에도 스미스가 언급되지 않았고, 이 에세이에서도 마찬가지라는 사실이다.[28] 경제 문제에 관해 토크빌의 멘토였던 세이와 시니어 두 사람이 스미스의 제자였다는 점에서 더욱 그렇다. 스미스를 들먹이지 않고도 두 사람은 자유무역과 자유시장의 미덕(토크빌은 이 미덕을 좋아했다)뿐 아니라 산업주의, 자본주의, 도시화, 기술의 미덕에 대해 토크빌에게 알려줄 수 있었다. 토크빌은 이런 문제에 대해 적대적이거나 기껏해야 애매한 태도를 보였다. 더욱 기이한 점은 미래의 물결로서 민주주의를 그렇듯 통찰한 토크빌이 산업주의도 마찬가지라는 사실—민주주의와 산업주의는 떼려야 뗄 수 없다—을 간과했다는 사실이다. 오히려 토크빌은 《미국의 민주주의》에서 (두 번째 《빈곤에 대하여》에서처럼) 민주주의와 산업주의는 본질적으로 상반된다고 보았다. 이를테면 "귀족적인" 산업 부문은, 지배적이고 본질적으로 민주적인 농업 부문의 "거대하고 불운한 하나의 예외"라고 생각했다.[29]•

《미국의 민주주의》가 오늘날에도 여전히 타당하다고 한다면, 산업주의에 대한 토크빌의 대단히 끔찍한 예측들이 실현되지 않은 덕분이다. 민주주의는 산업주의 자체에 내재하는 민주주의적 경향에도 불구하고 살아남은 게 아니라 민주주의적 경향 덕에 살아남고 진보했다. 미합중국 헌법 제정자들이 "공화국 정부가 가장 걸리기 쉬운 질병에 대한 공화주의적 해결책"을 찾으려 했듯,[31] 산업주의 자체 역시 산업주의와 민주주의 모두가 걸리기 쉬운 질병의 해결책 가운데 적어도

• 《미국의 민주주의》의 "거의 모든 아메리카인들이 산업계의 직업을 택하는 것은 무엇 때문인가" 장에 나오듯, 토크빌은 산업주의의 소명의 힘을 인정한다. 하지만 그다음 장 "어떻게 공업에 의해서 귀족 체제가 발전할 수 있을까"에서 농업 종사자는 더 민주적이고 평등주의적인 반면, 산업 부문 종사자는 더 귀족적이고 계급분리적이라고 설명한다. 전 시대의 가부장적·농업적 귀족 체제와 달리, "우리 시대의 산업화한 귀족 체제는 사람들을 더욱 가난하고 야만적으로 만들고는 위기의 시기에는 그들을 먹여 살리는 것을 공공 자선에 떠넘겨버린다." 이 귀족 체제는 "지구상에 나타난 매우 광포한 체제 중 하나"다. 곧이어 (그리고 어처구니없게도) 다음과 같은 판단을 내린다. "그러나 동시에 이것은 매우 절제되고 위험이 적은 체제 가운데 하나다."[30]

몇 가지를 제공하는 데 기여했다.

토크빌의 《빈곤에 대하여》—첫 번째 《빈곤에 대하여》—
는 산업사회와 후기 산업사회에서도 역시 공명하고 있다. 구
빈법이 낳은 빈곤층에 대한 토크빌의 설명에서 만성적으로
의존하는 "최하층계급"의 그림자를 볼 수 있다. "사생아와
범죄자의 수가 지속적으로 급증하고 가난한 인구는 끝이 없
으며 빈자에게 통찰력과 절약 정신은 더욱 동떨어진 것이 된
다……."[32] 토크빌이 그랬듯 우리도 구호를 원하는 노동 능
력이 있는 빈자에게 일을 제공하는 원칙에 공감하지만, 또한
그 원칙을 수행하는 데 따르는 어려움에도 공감한다. 이를테
면 필요한 지역에 필요한 공공사업이 충분한가, "일의 화급
을 결정하고 진행을 감독하며 임금을 정하는 일"[33]은 누가 책
임질 것인가 하는 문제들 말이다. 또 우리는 구호를 원하는
노동 능력이 있는 청구자들을 가려내야 하는 당국에 대해 토
크빌이 품었던 불안을 공유할 수 있다. "무고한 불행과 악덕
으로 인한 역경"을 공공단체들은 어떻게 구별할 수 있는가?
구별할 수 있다면 그에 준해 행동할 마음이 있는가? "누가

감히 가난한 자가 죽어가는 것은 본인의 책임이라며 굶어 죽게 내버려둘 것인가? 누가 빈자의 울부짖음을 들어주고 그의 악덕들을 따져볼 것인가?"[34]

법적 권리—오늘날의 "수급 자격"—로서 공공 자선에 대한 토크빌의 비판은 그 어느 때보다 오늘날 더욱 진가를 인정받고 있다. 영국의 복지국가 50년과 뉴딜 정책으로 도입된 미국의 구호 제도가 60년이 흐른 뒤, 두 나라에서는 토크빌이 예견한 결과에 대처하려 애쓰면서 수급 자격의 방법론에 의문이 제기되었다. 미국은 중대한 개혁을 단행했다. 즉 국가가 빈자 구호에 대한 권리를 "이전"한 것이다. 표면적으로 단순한 행정적 조치가 잠재적으로는 중대한 결과를 가져오기도 한다. 국가적·법적 수급 자격으로서 구호의 중요한 형식을 폐지하기 때문이다. 더 이상 권리 원칙에 얽매이지 않은 주(州)는 저마다 자유로이 주의 경계 안에서 가난한 사람들을 돌보는 적합한 대책을 세우게 된 것이다.

이 개혁은 더 근본적인 제안들을 촉발시켰다. 연방정부에서 주정부로 권리 이전이 바람직하다면, 지방정부로 이전은 왜 안 되겠는가? 지방정부로 이전이 바람직하다면, 사적 단

토크빌의 빈곤에 대하여

체―자선단체, 교회, 공동체 집단, 사업체, 상호부조회, 무엇보다 가족―로 이전은 왜 안 될 것인가?

이러한 점에서 공공 구호에 반대되는 개인 자선에 대한 토크빌 논의의 중요성이 더욱 부각된다. 《미국의 민주주의》의 주요 주제 가운데 하나인 시민사회의 중요성을 일깨우기 때문이다. 공공 구호가 개인의 무책임과 주(州)의 오만을 불러온다면, 시민사회 제도를 통해 걸러진 개인 자선은 개인과 주의 문제를 해결할 수 있을지 모른다. 출판된 지 한 세기 반이 넘도록 《미국의 민주주의》는 우리 시대에 매우 많이 인용되고 존경받는 문헌 가운데 하나이며, 시민사회라는 발상은 자유주의자와 보수주의자가 모두 내세우는 구호가 되었다. 토크빌의 《빈곤에 대하여》는 《미국의 민주주의》의 가치 있는 주석이자 시민사회 발상에 대한 주목할 만한 공헌이다.

주

1. André Jardin, *Tocqueville: A Biography*, trans. Lydia Davis and Robert Hemenway (New York, 1988), p. 197.

2. 위의 책.

3. Toqueville, *Journeys to England and Ireland*, trans. George Lawrence and K. P. Mayer, ed. J. P. Mayer (London, 1958), pp. 59-60, 66-68, 73.

4. Jardin, p. 200.

5. 이 에세이는 다음과 같은 지면에 다시 실렸다. *Bulletin des sciences économiques et sociales du Comité des travaux historiques et scientifiques* in 1911; *Commentaire*, Autumn 1983 and Winter 1983-1984; Tocqueville, *Oeuvres complètes*, ed. J. P. Mayer, XVI (Paris, 1989). Seymour Drescher 가 영어로 번역한 *Tocqueville and Beaumont on Social Reform*, ed. Drescher (New York, 1968). 그리고 Gertrude Himmelfarb의 서문과 함께 *The Public Interest*, Winter 1983에도 실렸다. 오늘날 이 에세이의 인용들에 대해서는 Oeuvres, XVI, 139 (n. 23), *Tocqueville and Beaumont on Social Reform*, p. 2 (n. 1) 참조.

6. J. B. Say, *Cours d'économie politique* (Paris, 1828), V, 352. 〔이 구절은 Seymour Drescher, *Dilemmas of Democracy: Tocqueville and Modernization* (Pittsburgh, 1968), p. 109, n. 26에 나온다.〕

7. *Oeuvres*, XVI, 21-22; VI, Pt. 2 (*Correspondance anglaise*) (Paris, 1991), p. 36, n. 1 참조.

8. 이 책의 77쪽 참조.

9. 이 책의 72쪽 이하 참조. 또한 Drescher, *Tocqueville and Beaumont on Social Reform*, p. 21, n. 14 참조.

10. *Correspondence and Conversations of Alexis de Tocqueville with Nassau William Senior*, ed. M. C. M. Simpson 〔New York, 1968 (reprint of 1872 ed.)〕, I, iii.

11. *Oeuvres*, VI, Pt. 2, 65-66 (March 24, 1834).

12. 위의 책, p. 73 (March 14, 1835).

13. 위의 책, p. 75 (March 18, 1835).

14. 영어 번역은 "빈곤"의 증가이다(*Journeys*, p. 73). 프랑스어로는 "비참"의 증가이다〔*Oeuvres* (*Voyages en Angleterre, Irlande, Suisse et Algérie*), V, Pt. 2 (Paris, 1958), 43〕.

15. E.g., E. J. Hobsbawm, *Industry and Empire* (London, 1968), p. 106.

16. Gertrude Himmelfarb, *The Idea of Poverty: England in the Early Industrial Age* (New York, 1984), p. 159.

17. 이 책의 56쪽 참조.

18. 이 책의 65-66쪽. 《미국의 민주주의》(vol. I, ch. 6)의 권리에 관한 논의는 모두 정치적 권리다.

19. 이 책의 79-80쪽 참조.

20. Say, V, 360-363.

21. 이 책의 66쪽 참조.

22. 이 책의 67쪽.

23. 이 책의 82쪽.

24. "Second mémoire sur le paupérisme," *Oeuvres*, XVI, 140-157.

25. *Oeuvres*, VI, Pt. 2, 89-90 (Senior to Tocqueville, February 27, 1841).

26. *Democracy in America*, ed. J. P. Mayer and Max Lerner, trans. George Lawrence (New York, 1966), p. 772.

27. *Oeuvres*, XVI, 146.

28. 1828년 토크빌은 세이에 관한 주석(*Oeuvres*, XVI, 429)에서 스미스를 잠깐 언급하고, 몇 년 뒤 도덕·정치학 아카데미에서 발표할 때〔XVI, 232(April 3, 1852)〕 또다시 그를 언급했다. 〔메이어(J. P. Mayer)는 1853년 4월 2일로 날짜를 잘못 알고 있다. *Alexis de Tocqueville: A Biographical Study in Political Science* (New York, 1960), p. 90 참조.〕 스미스의 이름은 《미국의 민주주의》를 비롯해 시니어와의 서한, 영국 여행기, 첫

번째 《빈곤에 대하여》에 나오지 않는다. 특히 《빈곤에 대하여》에서 토크빌은 빈자의 이동을 가로막고 빈자의 자유에 개입한다는 논거를 들어 영국의 구빈법을 꽤 길게 비판하는데, 이는 스미스가 《국부론》에서 대중화한 쟁점이다.

29. *Democracy*, pp. 558-559.

30. 위의 책, pp. 530-531. 1835년 영국 여행에 관한 토크빌의 기록에는 맨체스터 지역에 대한 충격적인 설명(*Journey*, pp. 104-108)이 포함되어 있다. 산업주의에 대한 토크빌의 견해에 대한 논의는 Drescher, *Dilemmas* 참조.

31. *Federalist Papers* 10.

32. 이 책의 69쪽 참조.

33. 이 책의 64쪽.

34. 이 책의 62쪽.

I부
오늘날 빈곤의 점진적 진전과 예방책

유럽의 여러 국가를 돌아다니다 보면 아주 기이하고 명백하게 설명할 수 없는 광경에 충격을 받는다.

빈곤해 보이는 나라 대부분이 실제로는 빈자가 가장 적은 나라다. 대부분의 사람이 부유함을 동경하지만 일부만이 생명을 유지하기 위해 다른 사람의 기부에 의존한다.

영국의 시골을 가로질러 가다 보면 현대 문명의 에덴으로 가고 있다는 느낌이 들 것이다. 잘 닦인 도로들, 깨끗한 새 집들, 풍요로운 목초지를 어슬렁거리는 살진 소들, 건강하고 힘센 농부들, 세계 그 어느 나라보다 눈부신 부, 다른 곳에서는 찾아볼 수 없는 세련되고 품위 있는 생활의 기본 시설들이 있다. 복지와 여가에 대한 깊은 관심, 보편적 번영에 대한 감동이 숨결처럼 에워싸고 있을 것이다. 영국에는 걸음마다 관광객의 심장을 뛰게 하는 무언가가 있다.

이제 조금 더 가까이 마을을 들여다보자. 교구 기록부를 살펴보면 이 번영한 왕국의 주민 6분의 1이 공공 자선으로 산다는 것을 발견하고는 형언할 수 없을 만큼 경악할 것이다. 자, 이제 에스파냐 또는 한층 먼 포르투갈로 눈을 돌려보면 사뭇 다른 광경에 충격을 받을 것이다. 걸음을 뗄 때마다 무지하고 드센 사람들을 만나게 될 테니까. 그들은 반쯤 일군 시골 한가운데 영양 부족에 헐벗은 채 쓰러져가는 집에서 산다. 하지만 포르투갈에서 빈자의 수는 대수롭지 않다. 빌뇌브의 추정에 따르면 이 왕국에는 25명당 한 명이 극빈자라고 한다.[*] 이전에 저명한 지리학자 발비는 그 수를 98명당 한 명이라고 했다.[**]

외국끼리 비교하는 대신, 같은 나라의 다른 지역들을 대조해보아도 유사한 결론에 이르게 된다. 한편에서는 안락한 삶

---

[*] 13쪽 주 참조.

[**] Adriano Balbi, *Essai Statistique sur le royaume de Portugal et d'Algarve comparé aux autres États de l'Europe* (Paris, 1822).

토크빌의 빈곤에 대하여

을 사는 사람들을, 다른 편에서는 살기 위해 공적 자금이 필요한 사람들이 비례해 증가하는 모습을 보게 될 것이다.

한 성실한 저술가의 통계에 따르면, 그의 이론을 전부 받아들이는 건 아니지만 프랑스에서 빈자는 평균 20명당 한 명꼴이라고 한다. 하지만 이 왕국의 지방들 사이에 엄청난 차이가 관측된다. 노르는 분명 가장 잘 살고 인구도 많을뿐더러 모든 면에서 매우 진보한 지방이지만, 추측건대 인구의 6분의 1에 자선이 필요하다. 크뢰즈는 가장 가난하고 산업이 가장 뒤떨어진 지방이지만 58명당 한 명이 빈자다. 이 통계에서 라망슈 지방은 주민 26명당 한 명꼴이 극빈자로 올라 있다고 추정했다.

이런 현상을 합리적으로 설명하는 게 불가능하다고 생각지 않는다. 내가 지적한 결과는 몇 가지 일반적인 원인 때문인데, 철저한 조사에 시간이 많이 걸리지만 적어도 그 원인들은 보여줄 수 있다.

그럼 정확히 이해하기 위해, 인간 사회의 시원으로 잠시 거슬러 올라가보자. 그러고는 인류의 강을 따라 급히 우리 시대로 되돌아오겠다.

처음으로 인간들이 모여 살던 때를 우리는 알고 있다. 숲에서 나온 그들은 여전히 미개한 모습이었다. 그들은 삶을 즐기기 위해서가 아니라 삶의 수단을 찾기 위해 집단을 이뤘다. 그들이 추구하는 목표는 계절의 횡포를 견딜 은신처를 구하고 충분한 먹을거리를 찾는 것이다. 그들의 상상력은 이런 것들을 넘지 않았고, 행여 노력 없이 그것들을 얻게 되면 자신의 운명에 만족스러워하며 나태한 잠에 빠졌을 것이다. 한때 나는 북아메리카의 야만적인 종족과 지낸 적이 있다. 나는 그들의 운명을 불쌍히 여겼지만 그들은 자신들의 잔인한 운명을 전혀 깨닫지 못했다. 그들 인디언은 연기가 꽉 찬 오두막에서 거친 천—손으로 만들거나 사냥해서 얻은 것—을 덮고 누워 있으면서도, 세련된 우리 문명을 성가시고 창피한 예속이라고 생각하며 우리의 기술을 연민의 시선으로 바라보았다. 그들이 부러워하는 것은 단지 우리 무기뿐이었다.

인간 사회의 첫 번째 시대에 이르렀을 때 인간은 아직 욕망이 아주 적었고, 동물과 유사한 필요 외에 어떤 필요도 거의 느끼지 않았다. 사회조직을 통해 최소한의 노력으로 스스로 만족할 만한 수단을 찾을 뿐이었다. 농업을 알기 전까지

토크빌의 빈곤에 대하여

그들은 사냥을 하며 살았다. 땅에서 곡물을 수확하는 생산기술을 터득한 순간부터 그들은 농부가 되었다. 그러면서 모든 사람은 수중의 땅에서 자신과 자식들이 충분히 먹고살 만큼 수확하게 되었다. 사유재산이 생기고, 더불어 그것은 가장 적극적인 진보의 요소로 떠올랐다.

땅을 소유한 순간부터 인간은 정착했다. 땅을 개간하면서 굶주림에 대비한 풍족한 자원을 발견했다. 생계가 보장되자 생존의 긴급한 필요를 충족하는 것보다 인간 존재에는 다른 기쁨의 원천이 있다는 걸 깨닫기 시작했다.

떠돌이와 사냥꾼이던 시절에는 사람들 사이에 불평등이 영구히 스며들 수 없었다. 한 남자와 무엇보다 한 가족이 다른 남자나 다른 가족보다 우월함을 영구히 획득할 수 있는 외부적 표식이 존재하지 않았다. 존재한다 해도 이 표식은 자식들에게 전해질 수 없었다. 하지만 토지 재산을 인식하고 광대한 숲을 비옥한 농경지와 풍부한 목초지로 전환하는 순간부터, 사람들은 먹고사는 데 필요한 것보다 더 많은 땅을 축적해 그것을 대대손손 물려주었다. 이후 풍요로움이 존재하고, 과잉을 통한 조야한 물질적 욕구의 충족 외에 다른 쾌락의 맛을 알게 되었다.

거의 모든 귀족의 기원이 이 사회 단계에서 추구된다. 일부 사람이 부, 권력, 삶의 지적·물질적 쾌락을 소수에게 몰아주는 기술에 이미 익숙한 반면, 반쯤 야만적인 무리는 고루 퍼진 안락과 자유의 비밀에 대해 여전히 무지하다. 인류 역사의 이 단계에서 인간은 이미 숲에서 태어난 원초적이고 자랑스러운 덕성을 버렸다. 문명의 장점을 얻지도 못한 채 야만의 장점마저 잃어버린 것이다. 땅의 경작이 유일한 자원일 뿐 노동의 결실을 지키는 수단도 모른다. 더 이상 원치 않는 야만에서의 탈피와 아직 이해하지 못하는 정치적·시민적 자유 사이에서 폭력과 기만에 무방비로 노출되어 있으며, 저들의 땅에서 살도록 허락한다면 아니 무위도식할 수만 있다면 온갖 폭정에도 복종할 준비가 되어 있다.

이때 토지는 무제한으로 집중되고 권력도 소수에게 집중된다. 지금도 그렇듯, 전쟁은 국민의 정치적 상황을 위험에 빠뜨리는 대신 시민 개개인의 사유재산을 위협한다. 모든 영속적 귀족들의 모태가 되어온 정복의 정신은 더욱 강화되고 불평등은 극단적 한계에 이른다.

4세기 말 로마제국을 침략한 야만인들은 토지 재산이 제공하는 이점을 감지하고는 이를 독점하고 싶어 했다. 당시 로마의 상당수 지방에는 이미 오랫동안 농업에 길든 사람들이 살고 있었다. 평화롭게 농사를 짓던 그곳 사람들은, 습성이 유연했으나 문명은 적인 야만인의 원시적인 대담함에 대응할 만큼 발달하지 못했다. 그리하여 승리한 야만인들은 정부뿐 아니라 평민의 재산까지 차지하게 되었다. 땅을 경작하던 로마인은 소유자가 아닌 소작인이 되었다. 불평등이 합법화했다. 이것은 현실이 되더니 권리가 되었다. 봉건사회가 조직되고 중세가 출현했다. 사회가 시작된 이래로 세계에 무슨 일이 일어났는지 가까이 들여다본다면, 평등은 문명의 역사적 극점에서만 일반화했다는 사실을 쉽게 알 수 있다. 미개인들은 하나같이 나약하고 무지하기 때문에 평등하다. 문명인들은 안락과 행복을 얻는 비슷한 수단을 가지고 있으므로 평등할 수 있다. 두 극단 사이에 조건, 부, 지식의 불평등―소수의 권력과 나머지 사람들의 빈곤, 무지, 약함―이 발견된다.

유능하고 학식 있는 저술가들이 이미 중세를 연구했고, 지금도 연구 중인데 그 가운데는 세르부르 학회 총무도 있다. 따라서 중세 연구라는 이 큰 과업은 나보다 더 적임인 그들의 몫으로 남겨둔다.

여기서 나는 봉건 시대 그 엄청난 광경의 한 귀퉁이만 면밀히 살피고자 한다. 12세기에는 '평민'으로 일컬어지는 계층이 아직 존재하지 않았다. 인구는 두 범주, 즉 토지를 경작하되 소유하지 않은 사람과 토지를 소유하되 경작하지 않는 사람으로 나뉘었다.

인구의 첫 번째 무리(토지를 경작하되 소유하지 않은 사람)와 관련해, 어떤 관점에서 그들의 운명은 우리 시대 보통사람의 운명보다 덜 가여웠다고 생각한다. 비록 더 많은 자유, 존엄, 도덕성을 지니고 자신의 역할을 했다 해도, 그들은 우리의 식민지 노예와 상황이 같았다. 그들의 생존 수단은 거의 언제나 보장되었다. 생존 수단에 관한 한 주인의 관심과 그들의 관심은 일치했다. 현재에 대한 걱정도 없고 선택할 미래도 없이, 권력만큼이나 욕망도 제한되었으므로 그들은 일종의 무의식적인 행복을 누렸다. 고도로 문명화한 사람이 행복의 존재를 부정하는 것만큼이나 행복의 매력을 이해하는 것은 어렵다.

다른 계급(토지를 소유하되 경작하지 않는 사람)은 그 반대의 상황을 보여준다. 이들 사이에 세습되는 여가는 지속적이고 보장된 풍요와 결부된다. 그러나 이들 특권계급이 추구한 쾌락이 일반적으로 생각하는 것만큼 우세했다고 믿기는 어렵다. 안락 없는 사치는 반쯤 야만적인 국가에서 흔히 볼 수 있다. 안락은 삶을 더 온화하고 수월하게 만들기 위해 구성원이 모두 함께 일하는 수많은 계급을 전제로 한다. 하지만 지금 살펴보는 이 시기에는 소수의 사람만이 자기 보전에 몰두할 뿐이다. 그들의 삶은 화려하고 과시적이지만 안락하지는 않았다. 은 접시나 조각된 놋쇠 접시에 담긴 음식을 손으로 먹었고, 옷은 어민(족제비 털)과 금으로 장식했으나 리넨은 알지 못했다. 집 벽은 이끼로 뒤덮이고, 큰 벽난로에서는 장작이 타고 있었으나 주위를 제대로 덥히지 못하고, 그들은 그 벽난로 앞 화려한 나무의자에 앉아 있었다. 단언컨대, 오늘날 지방 도시에서는 중세의 거들먹거리는 귀족보다 더 운 좋은 주민들이 가정에서 더 진정한 삶의 안락을 누리고, 문명이 빚어낸 수천 가지 욕구를 더 수월하게 채울 수 있다. 봉건 시대를 눈여겨보면, 사실 상당수의 인구가 거의 욕구를 모른 채 살았고 나머지 사람들이 약간의 필요만을 느꼈다는 걸 알게 된다. 토지는 모든 욕구를 충족시킬 수 있었다. 생존은 보편적이었고 안락은 들어본 적이 없었다.

이어지는 내용을 제대로 이해하기 위해서는 이러한 출발점을 명확히 할 필요가 있다.

시간이 흐름에 따라 땅을 경작하는 인구의 취향도 달라진다. 기본적인 필수품만으로는 만족하지 못한다. 농부는 밭을 떠나지 않고도 더 나은 집에 살고 더 좋은 옷을 입기를 원한다. 삶의 안락을 알게 되고 이를 원한다. 그런가 하면 땅을 경작하지 않고 사는 계급은 쾌락의 범위가 확장된다. 이런 쾌락은 덜 과시적이지만 더욱 복잡하고 다양해진다. 중세 귀족이 알지 못한 수천 가지 욕구가 그들 후손들을 자극한다. 땅에서 농사지으며 살던 대다수가 새로이 알게 된 욕구들을 충족하기 위해 생계를 찾아 땅을 떠난다. 농업은 모든 사람의 직업이었으나, 이제는 단지 다수의 직업일 뿐이다. 땅의 생산성 덕에 여가를 누리는 사람들과 땅을 경작하지 않고 상업에 종사하며 사는 수많은 계급이 생겨났다.

창조자가 만들어내는 것처럼 세기마다 사상의 범위가 확장되고, 인간의 욕망과 권력이 커진다. 빈자와 부자는 각자의 영역에서 저마다 조상은 알지 못한 새로운 향락을 마음에 품는다. 땅을 경작해서는 얻을 수 없는, 이런 새로운 욕구들을 충족하기 위해 일부 사람들이 해마다 농사일을 버리고 산업을 찾아간다.

수세기 동안 유럽에서 벌어진 일들을 깊이 생각해보면, 문명의 진행 속도에 비례해 거대한 인구 이동이 일어났다는 것을 알 수 있다. 사람들은 쟁기를 내려놓고 직조기의 북과 망치를 쥐었다. 이엉을 얹은 오두막에서 공장으로 옮겨갔다. 그렇게 함으로써 사람들은 조직 사회의 성장을 지배하는 불변의 법칙에 복종하고 있었다. 인간의 완전성에 한계를 둘 수 없듯, 이런 움직임에는 종말을 고할 수 없다. 그 한계는 하느님만이 아신다.

이러한 점진적이고 거역할 수 없는 이동의 결과는 무엇이었고, 무엇인가? 엄청나게 많은 새로운 상품들이 세상에 쏟아져 나왔다. 농업에 남아 있던 계급은 이전에는 알지 못한 수많은 사치품을 찾을 수 있는 만큼 찾아냈다. 농부의 생활은 더욱 즐겁고 안락해졌고, 대단한 재산가의 삶은 더욱 다양하고 정교해졌다. 안락은 다수에게 가능했다. 하지만 이런 행복한 결과는 필요한 비용 없이는 얻을 수 없었다.

중세에는 어디서도 안락을 찾아볼 수 없었으나 삶은 어디에나 존재했다고 나는 말했다. 이 문장은 다음과 같은 사실을 압축해서 설명해준다. 거의 모든 인구가 땅을 떠나서 살게 되었을 때 엄청난 빈곤과 저속한 풍속이 자리 잡았는데, 그래도 인간에게 가장 긴급한 욕구들은 충족되었다. 웬만해서는 땅과 씨름하는 사람에게 굶주림의 고통을 덜어줄 만큼 땅을 제공할 수 있었고, 그 덕에 사람들은 궁핍했지만 살아남았다. 오늘날 대부분이 더 행복해졌지만, 공적 지원이 부족하다면 빈자는 늘 아사 직전으로 내몰릴 것이다.

이런 결과는 쉽게 이해된다. 농부는 기본 생필품을 생산한다. 시장이 더 좋아지거나 나빠질 수 있을 테지만, 그것은 거의 확실하다. 행여 농산물을 처분하지 못한다 해도, 그 생산물은 적어도 수확한 사람에게 먹고살 거리를 제공하고 더 나은 때를 기다릴 수 있도록 해준다.

반대로 노동자는 부차적 욕구(배고픔, 갈증, 성과 같이 인간이 생득적으로 타고난 생리적 욕구와는 달리, 생활 과정에서 학습의 결과로 획득한 욕구를 말하며 심리사회적 욕구라고도 한다—옮긴이)를 생각하게 된다. 그 욕구는 무수한 이유로 제한될 수 있고 중요한 사건들로 인해 완전히 사라질 수 있다. 아무리 시대나 시장이 나빠진다 해도 사람에겐 저마다 최소한의 양식이 필요하고, 그렇지 않으면 앓다가 죽는 수밖에 없다. 따라서 사람은 늘 양식을 얻기 위해 예상치 못한 희생을 치를 준비가 되어 있다. 하지만 불행한 상황에서는 흔히 사로잡히게 마련인 쾌락을 스스로 거부할 수 있다. 노동자가 삶에서 의지하는 것은 이런 쾌락에 대한 취향과 욕구다. 그런데 이런 것들이 결핍된다면, 일해야 할 의미가 없다. 자신이 수확한 농산물은 빼앗기고 땅은 황폐해진다. 이 같은 상황이 계속된다면 그의 앞날은 비참과 죽음뿐이다.

사람들이 시대나 시장 상황의 변화로 욕구를 제한하는 경우에 대해서만 나는 말했다. 하지만 국내 과잉 생산, 대외 경쟁 등 다른 많은 이유도 똑같은 결과를 가져올 수 있다.

산업계급은 타인의 행복을 크게 촉진한다. 따라서 갑작스럽고 해결할 수 없는 해악에 훨씬 더 많이 노출된다. 인간 사회의 전체 구조에서 산업계급은 신으로부터 특별하고 위험한 사명, 즉 위기와 위험에서 모든 타인의 물질적 복지를 확보하라는 사명을 받았다고 나는 생각한다. 문명의 자연스럽고 거역할 수 없는 움직임은 산업계급의 상대적 규모를 지속적으로 키워가는 경향이 있다. 그리하여 해마다 욕구들은 커지고 다양해지며, 그러한 욕구들과 더불어 농업에 안주하기보다는 새로운 욕구들을 충족하기 위해 일함으로써 더 큰 안락을 얻으려는 사람이 증가한다. 오늘의 정치인들은 이러한 사실을 고려해야 한다.

안락과 근면이 그 어느 곳보다 밀접하게 연결된 부유한 사회에서 일어나고 있는 사태는 틀림없이 이 때문이다. 가장 많은 사람들에게 쾌락을 제공하는 산업계급이 비참에 노출되어 있다. 산업계급이 존재하지 않았다면 겪지 않았을 비참함 말이다.

그러나 여전히 다른 이유들이 빈곤을 점진적으로 진전시킨다. 인간은 욕구를 가지고 태어나며, 스스로 욕구를 만든다. 첫 번째 타고난 욕구는 육체(생존에의 욕구)에 속하고, 두 번째 부류의 욕구는 습관과 교육으로 생긴다. 처음에 인간들은 생존만을 추구하면서 자연적 필요 외에는 거의 아무것도 없었지만 삶의 쾌락이 늘어남에 따라 습관이 생겼다는 사실은 앞에서 살펴보았다. 이런 쾌락들은 결국 차례로 삶 자체만큼이나 필요해졌다. 사치품인 담배를 피우는 습관을 인용해보자. 이 사치품은 황무지에까지 침투해 야만인들 사이에서는 어떤 대가를 치르더라도 가져야만 하는 인위적인 쾌락을 만들어냈다. 인디언에게는 음식만큼이나 없어서는 안 되었으므로 담배가 없으면 구걸까지 하려 들었다. 이는 조상들에게는 없던 구걸의 이유였다. 담배에 빗대어 하고 싶은 말은 문명화한 삶에서 희생되지 않을 수 없었던 엄청나게 많은 대상에도 적용될 수 있다는 것이다. 사회가 번영할수록 향락거리는 더욱 다양하고 공고해지며, 습관과 모방을 통해 꼭 필요한 것인 양 행세한다. 그러므로 문명인은 야만인보다 운명의 변덕에 온전히 노출되어 있다. 두 번째 부류(습관과 교육에 의한 욕구)에서는 특별한 경우에만 가끔씩 일어나던 것이 첫 번째 부류에서는 규칙적으로 발생한다. 문명인은 쾌락의 범주에 맞춰 욕구의 범주를 확장하고 행과 불행의 위험에 자신을 맡긴다. 따라서 프랑스의 빈민은 영국의 빈민이 부유해

보이고, 에스파냐의 빈민은 프랑스의 빈민이 부유하다고 생각한다. 영국인에게 부족한 것을 프랑스인은 결코 가져본 적이 없는 것이다. 사회 규모에 따라 이렇듯 빈자의 상황은 달라진다. 아주 문명화한 사람들 사이에서는 부족한 수많은 것들이 빈곤을 야기하지만, 야만적인 상태에서 빈곤은 오직 먹을거리를 구하지 못하는 것이다.

문명의 진보가 사람들을 수많은 새로운 불행에 노출시키는 것만은 아니다. 문명의 진보는 덜 문명화한 사회에서는 생각지도 못한 비참을 덜어준다. 대다수가 헐벗은 채 형편없는 집에서 살며 영양 부족에 시달리는 나라에서, 누가 깨끗한 옷, 건강한 음식, 안락한 보금자리를 빈민에게 줄 거라고 생각이나 하겠는가? 이런 것들을 모두 가진 대다수 영국인은 의식주의 결핍을 끔찍한 불행으로 생각한다. 즉 사회는 스스로 생존하기 어려운 사람들을 반드시 도와줄 것으로 믿으며, 다른 곳에서는 인식조차 못하는 해악들을 바로잡아간다. 영국은 저마다 생의 과정에서 희망하는 평균적 삶의 수준이 세계 어느 나라보다 높다. 그래서 영국에서는 아주 쉽게 빈곤이 확대되기도 한다.

이런 설명이 모두 옳다면, 한 국가가 부유해질수록 공공 자선을 호소하는 사람의 수가 크게 증가할 것은 뻔하다. 두 가지 아주 강력한 원인이 이런 결과를 낳기 때문이다. 한편으로 국민들 사이에 가장 불안정한 계급이 지속적으로 성장하고, 다른 한편으로는 욕구들이 무한히 확장하고 다양해지며, 일부 욕구는 날마다 더 자주 노출된다.

우리는 스스로 속지 말아야 한다. 현대 사회의 미래를 차분하고 조용히 살펴보자. 우리는 그 위대한 광경에 취하지 말아야 한다. 그 비참한 광경에 용기를 잃지도 말자. 지금 같은 문명의 흐름이 계속된다면, 대다수 삶의 수준은 올라갈 것이다. 사회는 더 완벽해지고 잘 알려질 것이다. 생존은 더욱 편안하고 온화하며 아름답고 길어질 것이다. 하지만 동시에 우리는 이런 혜택의 일부를 얻기 위해 다른 사람들의 지원에 의지해야 하는 사람이 증가하리라는 점도 예상해야만 한다. 이 이중의 흐름을 조정하는 건 가능할 것이다. 특별한 국가적 상황이 그 과정을 촉발하거나 지연시킬 테지만, 아무도 그것을 멈출 수는 없다. 이미 분명해진 불가피한 해악들을 감쇄할 수단을 우리는 찾아내야만 한다.

2부

복지에는 두 종류가 있다. 하나는 개개인이 각자의 수단으로 주변의 해악들을 줄여가는 것이다. 이 유형은 세상만큼이나 오래되었으며, 인간의 불운에서 비롯되었다. 기독교는이를 성스러운 덕목으로 삼고 자선이라고 일컬었다. 다른 하나는 덜 본능적이고 좀더 합리적이며 덜 감정적이지만 때때로 더 강력하며, 구성원의 불운에 관심을 갖도록 사회를 이끌고 체계적으로 그들의 고통을 덜어줄 준비를 갖추고 있다. 이 유형은 프로테스탄티즘(종교개혁)에서 유래해 현대 사회에서만 발달했다. 첫 번째 유형은 개인적 미덕으로 사회적 행위에서 벗어난다. 반대로 두 번째 유형은 사회에서 만들어져 규제된다. 그러므로 우리가 특히 관심을 가져야 할 것은 두 번째 유형이다.

한눈에도 공공 자선보다 더 아름답고 거창한 생각은 없어 보인다. 사회는 상처를 탐색하고 치유하면서 지속적으로 스스로를 살핀다. 동시에 부자에게 부의 향유를 보장하고 빈자에게는 극심한 비참에 대한 대비를 약속한다. 그런가 하면 다른 사람들에게 기본 생필품을 마련해주기 위해 일부 사람들에게 자기 잉여를 선뜻 내놓을 것을 부탁한다. 이는 확실히 감동적이고 고양되는 장면이다.

경험이 이런 아름다운 환상을 파괴하는 일이 어떻게 해서 발생할까? 유럽에서 영국은 대규모 공공 자선 이론을 체계화하고 적용한 유일한 나라다. 그런데 헨리 8세의 종교개혁 당시 영국의 모습이 바뀌어 거의 모든 자선단체가 해산되었다. 그 단체들의 재산은 귀족의 소유가 되고 일반 국민에게 전혀 분배되지 않았기 때문에 빈자를 부양하기 위한 수단이 부분적으로 파괴되는 동안 빈자는 이전처럼 계속해서 늘어났다. 그리하여 빈자의 수는 엄청나게 증가했고, 더할 수 없는 국민의 비참에 충격을 받은 헨리 8세의 딸 엘리자베스 여왕은 수녀원의 해산으로 급감한 구호를 지방정부가 제공하는 연간 부담금으로 대체하기를 기대하기에 이르렀다.

엘리자베스 여왕은 통치 43년째 되던 해(1601년)에 반포한 법 *〔엘리자베스 구빈법: 이 구빈법은 영국에서 가장 체계적인 법으로 14세기 이후 확립된 빈민 통제와 노동 통제, 그리고 빈민 구제에 대한 국가의 법적·재정적 책임을 확인하면서 최초로 빈민 구제 업무의 전국적 행정 체제를 수립했다. 이 법은 빈민을 세 무리로 분류했다. 1) 노동 능력이 있는 건강한 빈민, 2) 노동 능력이 없는 무능력한 빈민, 3) 빈곤 아동 등으로 구분하여 빈곤 아동에 대해서는 도제 수습의 기회를 제공하거나 고아원에 수용·보호하고 무능력한 빈민은 구빈원에 수용하여 보호하며 능력 있는 빈민은 작업장에서 일을 하는 조건으로 최소한의 구호를 제공했다—옮긴이〕에서 이렇게 선언했다. 교구마다 빈민 감독관을 선출하고 감독관은 노동 능력이 없는 빈자를 먹여 살리고 노동 능력이 있는 사람에게는 일자리를 제공하

* 토크빌의 주: 다음을 참조하라. (1) Blackstone, Bk. I, 4장, (2) 1833년 빈자의 상황에 관한 조사에서 얻은 중요한 결과들,《구빈법 행정과 운용에 관한 국왕 폐하의 위원들이 보낸 정보의 초록(Extracts from the Information Received by His Majesty's Commissioners as to the Administration and Operation of the Poor-laws)》이라는 책에 담긴 중요한 결과들, (3) 구빈법위원회 보고서(The Report of the Poor-law Commissioners), (4) 마지막으로 이러한 모든 노력의 결과인 1834년 법.

기 위해 주민에게 세금을 물리는 권리를 갖는다.

시간이 흐를수록 영국은 점점 더 법적 자선의 원칙을 채택하는 길을 걸어왔다. 빈곤은 다른 어느 곳보다 영국에서 급격하게 증가했다. 다소 일반적이고 특별한 이유들이 이런 불행한 결과를 만들어냈다. 영국인은 유럽의 다른 나라에 비해 문명 생활을 누렸다. 이전의 내 모든 관찰이 다른 국가들에도 적용될 수 있지만, 영국에만 관련된 것들이 있다.

영국의 산업계급은 영국민뿐만 아니라 인류 대부분에게 생필품과 쾌락을 제공한다. 따라서 산업계급의 번영이나 비참은 영국에서 일어나는 일뿐 아니라 어느 정도는 이 세상에서 일어나는 사건에도 좌우된다. 인도제국의 한 주민이 지출을 줄이거나 소비를 축소할 때, 영국의 제조업자는 어려움을 겪는다. 그러므로 세상에서 농업노동자가 산업노동에 더 강력하게 사로잡히고 운의 변덕에 가장 노출된 자신을 발견하는 나라가 영국이다. 지난 세기에 일어난 사건은 나머지 세상의 발달을 살펴보건대 경이적이라고 여길 만한 것이다. 지난 100년에 걸쳐 기존 세계를 완전히 해체해온 토지 재산은 영국에서 계속 집중되고 있다. 중간 규모의 토지는 광대한 토지에 귀속되고, 대규모 농업은 소규모 경작을 흡수한다. 이 주제와 관련해 흥미로운 관찰들을 내놓을 수도 있겠지만, 화제가 샛길로 빠질 수 있다. 이것으로 충분하며 논의를 이어가겠다. 그 결과 농업노동자가 이해관계에 따라 쟁기를 버리고 산업으로 옮겨가는 동안, 토지를 축적한 농업노동자들 역시 자기도 모르게 산업 쪽으로 휩쓸린다. 비교해서 말하자면, 극소수의 노동자는 소규모 농지보다는 대규모 농장에서 일하도록 요구받는다. 이런 이중의 흐름에서 땅은 노동자를 내치고 산업은 그들을 오라고 손짓한다. 영국인 2500만 명 가운데 900만 명만 농업에 종사하고, 1400만 명 혹은 인구의 3분의 2가 상업과 산업의 아주 위험한 길에 들어섰다.* 따라서 동일한 문명국들보다 영국에서 빈곤이 더 빠르게 확산하지 않을 수 없었다. 일단 법적 자선의 원칙을 허용하자, 영국은 그것을 없앨 수 없었다. 200년 동안 영국의 법은 엘리자베스 법을 확대, 발전시킨 것에 지나지 않았다. 이웃 나라들이 법적 자선의 원칙을 완전히 수용한 지 250여 년이 흐른 지

* 토크빌의 주: 프랑스에서는 산업계급이 아직은 인구의 4분의 1에 불과하다.

금, 이 원칙을 채택함으로써 빚어진 결정적 결과들을 판단해야 한다. 이어서 그 결과들을 살펴보자.

빈민은 사회의 도움을 받을 절대적 권리가 있고 어디든 그것을 제공하는 행정조직이 있어서(1795년에 제정된 스핀햄랜드 법을 일컫는다—옮긴이) 프로테스탄트 국가에서는 모든 악폐의 즉각적인 부활과 일반화를 관찰할 수 있는데, 이에 대해 프로테스탄트 국가의 개혁가들이 일부 가톨릭 국가를 비난하는 것은 당연하다. 모든 사회조직적 존재처럼, 인간도 본능적으로 게으름을 좋아한다. 그러나 두 가지 노동 유인이 있다. 살고자 하는 욕구와 삶의 조건을 향상시키고자 하는 욕망이 그것이다. 인간 대다수에게는 첫 번째 유인만으로도 충분히 동기부여가 될 수 있음을 경험은 입증해왔다. 두 번째 유인은 소수에게만 효과적이다. 자, 곤경에 처한 모든 이에게 차별 없이 개방하는 자선단체나 모든 빈자에게 공적 지원의 권리를 부여하는 법은 빈곤의 근원이 무엇이든 첫 번째 동기를 약화하거나 파괴하고 온전히 두 번째 동기만을 남긴다. 에스파냐 농부처럼 영국 농부가 타고난 지위를 향상시키고 비참에서 스스로 떨쳐 일어나고자 하는 끈질긴 욕망(대부분의 사람은 쉽게 눌러버리는 약한 욕망)을 느끼지 않는다면, 단언 컨대 두 나라 농부는 일에 흥미가 없거나, 일을 한다 해도 저 축에는 관심이 없다. 결국 게으르거나 노동의 열매들을 생각 없이 허비한다. 두 나라는 다른 인과관계의 유형에 의해서도 같은 결과에 이른다. 즉 매우 너그럽고 활동적이며 근면한 국민이 아무것도 하지 않거나 노동을 악용하는 사람에게 생 존 수단을 제공하는 데 자원을 쏟아 붓는 것이다.

앞에서 설명한 감동적이고 매력적인 이론과는 분명 거리 가 멀다. 선한 원칙의 치명적인 결과에서 벗어나는 것은 가 능할까? 나는 그 결과가 불가피하다고 생각한다. 여기에 반 론을 제기할 수도 있겠다. 이를테면 여러분은 그 원인이 무 엇이든 비참은 완화될 것이라고 추정한다. 더불어 공적 부조 가 빈민들의 노동의무를 덜어준다고 덧붙일 것이다. 이것은 하나의 사실로서 의문스러운 무언가를 진술한다. 사회가 공 적 부조에 앞서 욕구의 원인들을 규명하지 못하게 막는 것은 무엇일까? 공공의 동정을 요구하는 노동 능력이 있는 빈자 에게 왜 도움의 조건으로 일을 부과하지 않는가? 내 대답은, 영국의 일부 법이 이런 임시방편의 생각을 이용해왔다는 것이다. 하지만 그 법은 실패했고 이해할 만하다.

무고한 불행과 악행으로 인한 역경의 미묘한 차이만큼 구별하기 어려운 것도 없다. 두 원인이 얼마나 많은 비참을 동시다발로 낳았던가! 저마다의 특성과 생활환경을 알기 위해 어떤 심오한 앎이 전제되어야 하며, 어떤 지식, 어떤 날카로운 안목, 어떤 차갑고 냉혹한 이성이 상정되어야 하는가! 양심, 시간, 재능, 수단을 갖추고 조사에 전념하는 치안판사를 어디서 찾아낼 것인가? 누가 감히 가난한 자가 죽어가는 것은 본인의 책임이라며 굶어 죽게 내버려둘 것인가? 누가 빈자의 울부짖음을 들어주고 그의 악덕들을 따져볼 것인가? 타인의 비참과 맞닥뜨렸을 때 개인적인 관심조차 억눌러야 한다. 공공 재원의 목표가 실제로 성공적이라고 입증될 것인가? 게다가 감독관의 가슴이 메말랐더라도 잘못되었을 때는 감정에 호소하게 마련인데, 그때에도 여전히 두려움에 무심할 수 있을까? 기쁨이나 고통, 삶 혹은 죽음을 누가 판단하고, 인간 집단 중 가장 방종하고 난폭하고 상스러운 무리를 누가 판단하며, 감독관은 그들의 행동에 대해 그 대단한 권력을 행사하기 전에 위축되지는 않을까? 혹시 용감무쌍한 사람 중 적당한 누군가를 찾을 수 있다면 그 수는 얼마나 될까? 어느 사건에서나 그 같은 기능들은 제한된 영역에서만 제대로 발휘될 수 있다. 그러려면 많은 사람의 위임을 받아야만 한다. 영국인은 교구마다 의무적으로 감독관을 두어왔다. 이 때문에 불가피하게 발생하는 일은 무엇일까? 빈곤은 입증되나 빈곤의 원인은 여전히 불확실하다. 첫 번째 빈곤은 명백한 사실이고, 두 번째 빈곤의 원인은 늘 논란의 여지가 있는 추론 과정을 통해 입증된다. 공적 지원은 간접적으로만 사회에 해를 끼치므로 원조의 거부는 빈민과 감독관에게 즉시 상처를 준다. 반면에 감독관의 선택은 의심의 여지가 있을 수 없다. 그 법은 단지 순수한 가난을 구호할 것이고, 그러한 실천으로 모든 빈곤을 줄여갈 것이라고 선언할지 모르겠다. 나는 두 번째 관점, 즉 빈곤의 원인에 대해서도 마찬가지로 경험에 근거해 타당한 논쟁을 펼칠 것이다.

우리는 구호의 대가로 일하기를 원한다. 그러나 먼저 해야 할 공공사업이 늘 있을까? 공공사업이 온 나라에 골고루 나뉘어 있을까? 한 지역에는 해야 할 일은 엄청 많고 할 사람은 거의 없는데, 다른 지역에는 도움을 받아야 할 빈자는 많지만 해야 할 일이 거의 없다는 사실을 여러분은 결코 짐작하지 못한다. 이런 어려움이 어느 시대에나 존재한다면, 빈곤은 극복할 수 없지 않겠는가? 문명의 진보적 발달, 인구 증가, 구빈법 효과 등의 결과로 영국에서처럼 빈자의 비율이 총인구의 6분의 1에 이른다면, 일부는 4분의 1이라고까지 말하는데, 이런 상황이라면 빈곤을 극복하는 건 요원한 일이 아닐까?

공공사업이 늘 있다고 가정하더라도, 누가 일의 화급을 결정하고 진행을 감독하며 임금을 정할 책임을 질 것인가? 결국 감독관은 훌륭한 치안판사의 자질 외에도 재능, 정력, 착한 사업가에 대한 특별한 앎도 갖춰야 한다. 감독관이라면 의무감 안에서 어떤 사리사욕도 챙기지 않으며, 다시 말해 가장 무기력하고 불행한 사람들이 끈덕지고 생산적으로 노력하도록 강제하는 용기를 발휘해야 한다. 현명하게 자신을 속이는 건 어떨까? 빈자의 요구에 압박을 받은 감독관이 불필요한 일자리를 마련한다거나, 심지어 영국에서 늘 있는 사례처럼 노동을 요구하지 않고 임금을 지불하는 일이 벌어질 것이다. 법은 인간 본성으로 유지될 수 없는 완벽한 세상을 위한 것도, 어쩌다 보여주는 본보기를 위한 것도 아니다. 법은 분명 사람을 위해 만들어져야 한다.

영구적인 토대 위에 법적 자선을 수립하고 거기에 행정적 형식을 부여하는 어떤 대책도, 바로 그것 때문에 게으르고 태만한 계급이 양산되고 산업 및 노동 계급의 희생으로 살아가도록 만든다. 이것은 적어도 즉각적 결과는 아닐지라도, 불가피한 결과다. 때로 법적 자선은 그에 따르는 높은 도덕적·종교적 이상을 훼손하고 수도원 체제로 말미암은 모든 악을 재생산한다. 이런 법은 법적 구조에서 움튼 해로운 씨앗이다. 미국에서처럼 환경을 통해 그 씨앗이 번창하는 것을 막을 수는 있지만 싹을 자를 수는 없으며, 현 세대가 그 영향을 피한다 하더라도 다음 세대의 복지를 집어삼킬 것이다.

오랫동안 그런 법의 효력 아래서 생활한 사람들의 상황을 가까이서 살펴본다면, 공공의 번영보다 도덕성에서 훨씬 유감스러운 결과를 낳으며, 그것이 가난보다 훨씬 더 그들을 타락시켰다는 사실을 쉽게 발견할 것이다.

일반적으로 말해서, 권리라는 생각보다 더 인간의 정신을 고양하고 지속시키는 것도 없다. 어떤 요구에서 간청의 성격을 제거하고, 요구하는 사람을 당연하게 누리는 사람과 같은 수준에 올려놓는 것이 권리라는 생각에는 위대하고 굳센 무엇이 있다. 하지만 사회의 도움을 받는 빈자의 권리는 그들의 마음을 고양하는 대신 저하시킨다는 점에서 독특하다. 그런 기회가 법으로 허용되지 않는 나라에서 빈자는 개인 자선에 의지하는 동안 다른 사람들과 견주어 실제로 열등한 자신의 처지를 인식한다. 그러나 그들은 개인 자선을 은밀하고 일시적이라고 생각한다. 교구의 빈자 명부에 등록되는 순간부터, 빈자는 확실히 구호를 요구할 수 있다. 하지만 이러한 권리의 획득은 수혜자의 비참, 무기력, 비행을 공인하는 선언이 아니고 무엇이란 말인가? 일반적 권리는 다른 사람들을 뛰어넘어 획득한 개인의 이익을 근거로 부여된다. 빈자로서 구호받을 권리는 열등을 이유로 주어진다. 첫 번째 일반적 권리는 분명히 우월함을 진술한다. 두 번째 빈자 구호의 권리는 열등을 공론화하고 합법화한다. 일반적 권리는 확대되고 보장될수록 더 큰 명예가 부여되지만, 구호의 권리는 영구적이고 커질수록 그 가치가 더욱더 떨어진다.

따라서 법의 이름으로 구호를 요구하는 빈자는, 모든 사람을 같은 관점에서 바라보며 빈부를 평등법에 종속시키는 '그'의 이름으로 타인의 동정을 구하는 궁핍한 자보다 훨씬 더 굴욕적인 지위에 있다.

그러나 이것 역시 다가 아니다. 즉 개인의 구호는 부자와 빈자 사이에 가치 있는 유대를 맺어준다. 기부자는 구호 행위로 빈곤을 덜어주고자 하는 이의 운명에 연루된다. 빈자는 요구할 권리도 도움받을 희망도 없을지 모르는 도움을 받고 감사의 마음을 느낀다. 빈번히 분리를 공모하는 두 계급 사이에 자선에 대한 관심과 열정을 통해 도덕적 유대가 생기며, 환경 때문에 분리되더라도 두 계급은 기꺼이 화해한다. 법적 자선에는 이러한 도덕적 유대가 없다. 끈질기게 구호를 펴지만 법적 자선은 도덕성을 제거한다. 묻지도 않고 법이 부자들의 잉여 일부를 빼앗으므로 부자는 빈자를 자신들의 부를 공유하라고 법이 정한 탐욕스러운 이방인으로 여긴다. 반면에 빈자는 누구도 거절할 수 없고 어떤 경우에도 만족할 수 없는 수혜에 고마움을 느끼지 않는다. 공공 구호가 생활은 보장해주지만 개인의 구호보다 삶을 더 행복하거나 안락하게 해주지는 않는다. 그런 까닭에 법적 자선은 사회에서 부나 빈곤을 없애지 못한다. 한 계급은 여전히 두려움과 혐오로 세상을 바라보고, 다른 계급은 절망과 질시로 그 불행을 바라본다. 두 경쟁적 국민은 세상의 처음부터 존재해왔으며 부자와 빈자라고 일컬어지는데, 법적 자선은 두 국민을 하나로 통합하기는커녕 둘 사이를 이어줄 유일한 고리마저 끊어버린다. 법적 자선은 각 개인들을 한 깃발 아래 모아놓고 편을 가른 뒤 얼굴을 맞댄 채 싸울 채비를 시키는 셈이다.

공공 자선의 불가피한 결과로, 많은 빈자가 영속적으로 나태하고 일하는 사람들의 희생으로 그들이 여가를 누린다고 나는 말했다.

부자의 나태는 상속된 것으로 노동이나 서비스 덕분이다. 그런데 이런 나태가 대중의 사고에 파고들고 심리적 위안에서 지지를 받고 지적 쾌락에서 영감을 얻어 정신교육으로 교화된다면, 이를테면 부자의 나태가 수많은 악을 생산해왔다면, 비열함으로 획득하고 비행으로 얻으며 수치 속에서 누리는 경멸적인 나태에서는 무엇이 나올 것인가? 오직 이 모든 부패와 경멸에 굴복하는 정도에 비례해서만 그 영혼은 견뎌내게 된다.

모든 진보의 전제 조건인 사람들의 존경을 잃어왔기 때문에 나아질 가망도 없는 사람에게서 무엇을 기대할 수 있을까? 가장 긴박한 욕구를 충족해야 하는 상황에 이르렀음에도 늘 충족되리라 확신하는 탓에 더 이상 나빠질 운도 없는 사람한테 무엇을 기대할 수 있겠는가? 그렇게 제한된 존재, 즉 희망도 공포도 없이 사는 사람의 양심 혹은 인간 행위에는 어떤 행동 과정이 남아 있을 것인가? 그 사람은 동물이 그러하듯 미래를 바라본다. 현재에 코 박은 채 비열하고 순간적인 쾌락에 빠지는 그의 동물적 본능은 운명의 결정인자들을 눈치 채지 못한다.

영국에서 출간된 빈곤에 관한 책을 모두 읽고, 영국 의회의 요구로 실시한 조사들을 연구하고, 이 난제를 둘러싸고 상하원에서 벌어진 토론들을 살펴보라. 빈곤에 관한 그 모든 책·조사·토론 들은 귀청 떨어질 것 같은 외마디 울부짖음, 즉 하층계급들이 굴러떨어져 온 비참한 상황으로 응축된다! 사생아와 범죄자의 수가 지속적으로 급증하고 가난한 인구는 끝이 없으며 빈자에게 통찰력과 절약 정신은 더욱 동떨어진 것이 된다. 온 나라에 교육이 확산되고 도덕성이 함양되며 취향은 세련되고 예의범절이 더욱 우아해지는 동안 빈자는 제자리걸음이거나 외려 뒷걸음친다. 그야말로 야만 상태로 되돌아간다고 묘사할 수 있다. 문명의 경이로움 속에서 빈자는 생각과 성향에서 야만인과 우열을 겨루는 성싶다.

법적 자선은 극빈자의 도덕성만큼이나 극빈자의 자유에도 영향을 미친다. 이것은 쉽게 입증된다. 지방정부가 엄격하게 빈자를 도울 의무를 질 때, 어쩔 수 없이 관할구역에 거주하는 빈자에게만 구호를 편다. 이는 법의 결과인 공적 부담을 동등하게, 즉 부담을 져야 하는 사람들의 수단을 균형 있게 나누는 공정한 방법이다. 조직적으로 공공 자선이 이뤄지는 나라에서는 개인 자선이 거의 알려지지 않은 탓에, 불행이나 악덕으로 생계가 불가능한 사람은 죽음의 고통 아래서도 출생지에 머물러야 하는 운명에 처한다〔1662년 제정된 정주법(Act of Settlement)은 빈민과 노동자의 지리적 이동을 통제한 법으로, 출생, 결혼, 도제 관계, 상속 등을 고려해 개개인에게 특정 지역의 정주권을 부여함으로써 이방인이 특정 지역으로 몰려와 사회 불안을 야기하거나 구빈법에 의존하게 되는 것을 적극적으로 제지하고자 했다—옮긴이〕. 만약 그가 떠나려면 적국을 통과해야 한다. 교구

토크빌의 빈곤에 대하여

는 사적 이해관계로서 가장 잘 조직된 국가경찰보다 훨씬 더 적극적이고 강력한데, 그의 도착을 기록하고 뒤를 바싹 뒤쫓아 그가 새 거주지를 정하려고 하면 공권력을 동원해 교구 밖으로 쫓아낸다. 구빈법 때문에 영국인의 6분의 1이 이동하지 못하고, 중세 때 소작농처럼 땅에 매여 산다. 그리하여 자신의 의지와 상관없이 태어난 땅에서 살도록 강요받는다. 이렇듯 법적 자선은 이동하고 싶은 소망마저 가로막는다. 이러한 지리적 이동의 자유는 개인 자선과 법적 자선이라는 두 체제 간의 유일한 차이다. 더 멀리 나아간 영국은 공공복지의 원칙에서 훨씬 처참한 결과를 얻었다. 영국의 교구들은 공포 지배가 지나쳐서 명부에 올린 뒤에야 빈자를 거주시켰다. 또 옷차림으로 빈부가 명확히 드러나지 않는 이방인이 일시적으로 정착하거나 뜻밖의 불행을 겪게 될 때, 지방 당국은 그가 궁핍해질 가능성에 대비해 즉시 담보를 요구하고 이에 응하지 못하면 추방했다.

법적 자선은 이렇듯 영국의 빈자뿐만 아니라 빈곤의 위협에 놓인 사람들에게서도 이동의 자유를 박탈해왔던 것이다.

이러한 슬픈 그림을 완성하기 위해 나는 영국에 관해 쓴

내 단편적인 이야기 가운데 몇 편을 뽑아 재구성하는 것이 가장 좋은 방법이라고 생각한다. 1833년 영국을 여행한 나는 눈을 사로잡는 이 나라의 번영에 충격을 받았다. 그런데 눈에 띄는 주민들 사이의 은밀한 불안에 대해 나는 곰곰 생각해보았다. 유럽이 칭송해 마지않는 번영의 화려한 가면 아래 거대한 비참함이 감춰져 있음이 틀림없었다. 그리하여 나는 빈곤에 각별한 주의를 기울이게 되었다. 빈곤은 건강하고 정열적인 육체에 달라붙은 흉물스럽고 엄청난 상처나 다름없었다.

나는 영국 남부 지주의 큰 저택에 머물고 있었다. 당시는 빈자가 교구를 상대로 혹은 교구가 빈자를 상대로 제기한 소송의 판결을 위해 치안판사가 재판을 소집한 때였다. 집 주인이 치안판사여서 나는 정기적으로 법정에 그와 동행했다. 여행 수첩에서 나는 처음 참석한 공개재판 날의 광경에 관한 소묘를 찾아냈다. 그 소묘는 앞서 빈곤에 관해 말한 내용 전부를 간략히 요약해서 명확히 밝혀준다. 진실한 모습을 보여주기 위해 꼼꼼하고 정확하게 그날의 소묘를 다시 써보겠다.

토크빌의 빈곤에 대하여

첫 번째로 치안판사 앞에 선 사람은 노인이다. 노인의 얼굴은 순수해 보이고 혈색이 좋다. 가발을 쓰고 근사한 검은색 옷을 입고 있다. 돈깨나 있는 재산가 같다. 그러나 노인은 가로대로 다가가 열정적으로 교구 행정의 부정의에 항의한다. 그는 극빈자인데, 공공 자선에서 자신의 몫이 부당하게 줄었다는 것이다. 교구 행정관의 의견을 듣기 위해 법정은 휴정한다.

건장하고 성마른 노인장이 나가고 젊은 임산부가 나온다. 가난하다는 걸 증명이라도 하듯 남루한 옷차림에 여읜 이목구비에는 고통의 흔적이 묻어 있다. 며칠 전 남편이 항해를 떠났는데, 이후 아무런 도움도 소식도 없다고 여인은 설명한다. 공공 자선을 요구하지만 빈민 감독관은 주어야 할지 망설인다. 이 여인의 시아버지는 잘 사는 상인으로, 법정이 위치한 그 도시에 산다. 아들이 없으므로 시아버지가 며느리의 생계를 분명 책임질 것으로 기대하고, 치안판사가 그를 소환한다. 하지만 그는 법이 아니라 천연(天緣)이 그에게 부과한 의무를 짊어지지 않겠다고 거부한다. 판사들이 그의 이기적인 영혼에 가책과 동정심을 불러일으키려 끈질기게 노력한다. 판사들의 노력은 수포로 돌아가고, 교구에게 청구한 구호를 지불하라고 판결한다.

가난하고 버림받은 여인에 이어 몸집이 크고 활기찬 장정 대여섯이 나온다. 한창 때의 청년들로, 완고하고 남을 깔보는 태도들이다. 마을 행정관들이 일거리를 주지 않고, 혹은 일거리가 부족하다며 구호를 주지 않는다고 불평을 늘어놓는다. 그때 행정관들은 교구가 공공사업을 하지 않고 있다고 답변한다. 또 고소인들이 원한다면 스스로 일자리를 쉽게 찾을 수 있으므로 무상 구호가 필요하지 않다고 응수한다.

동행한 치안판사 X경(래드너 경)이 말해준다. "구빈법이 만들어내는 수많은 남용의 축소판을 본 셈입니다. 처음에 나온 노인은 아마도 생계 수단이 있을 겁니다. 그런데도 편하게 도움을 요구할 권리가 있다고 생각하고, 또 공공 자선을 요구하는 것을 부끄러워하지도 않아요. 사람들에게 공공 자선은 괴롭고 모욕적인 성격이 완전히 사라졌어요. 그 정직하고 불행한 젊은 여인은, 구빈법이 없었다면 분명 시아버지한테 도움을 받았을 겁니다. 하지만 잇속이 빠른 시아버지는 수치스런 내면의 소리를 죽이고 자기가 해결해야 할 부담을 공공에게 떠넘긴 거지요. 마지막 청년들은 우리 마을에 살아서

저도 잘 압니다만, 아주 위험하고 정말이지 악질적인 족속입니다. 그들은 구호를 받을 거라는 걸 알기 때문에 번 돈을 술집에 가서 한순간에 탕진해버리지요. 보신 것처럼, 어려움을 호소하지만 애초에 그 어려움도 자기들의 잘못 때문이란 말입니다."

재판이 계속된다. 젊은 여인이 가로대 앞으로 나오고 교구의 빈민 감독관이 따라 나온다. 여인은 조금도 주저하지 않고, 수치심에 시선을 내리깔지도 않는다. 감독관은 여인이 불법적인 성관계로 임신했다고 고소한다.

여인은 거리낌 없이 그 사실을 시인한다. 여인은 궁핍하고 아버지가 누군지 모르는 사생아는 그 어미와 함께 공공의 책임이 될 것이기에 감독관은 여인에게 아이 아버지의 이름을 대라고 추궁한다. 여인은 선서를 하고, 이웃 농부의 이름을 댄다. 청중 사이에 있던 농부에게 그 사실을 확인하자 쉽게 인정한다. 치안판사가 아이를 부양하라고 선고한다. 농부와 여인이 퇴장한다. 익숙한 장면이라서 그런지 방청객에서는 작은 동요도 일어나지 않는다.

젊은 여인이 나가고 또 다른 여인이 나온다. 자진해서 나온 여인은 앞서 나온 여인처럼 부끄러움 없이 덤덤하게 판사들 앞으로 다가간다. 여인은 임신한 몸이며 뱃속 아이 아버지의 이름을 말한다. 남자는 그 자리에 없다. 법정은 남자를 소환하기 위해 휴정한다.

X경이 말해준다. "구빈법의 폐해는 또 있습니다. 구빈법의 가장 직접적인 결과는 빈자 가운데서도 가장 빈곤한 버려진 아이들을 부양하는 공적 책임을 지는 것입니다. 그런데 교구는 사생아를 부양할 의무에서 벗어나려고 부모가 양육할 수 있음을 입증하려 합니다. 친자 확인 소송을 제기하고 여인에게 남겨진 증거를 찾지요. 이런 소송에서 왜 다른 종류의 증거를 찾는다고 착각하게 되는 걸까요? 교구들에 사생아를 책임질 의무를 지우고 엄청난 부담을 덜기 위한 친자 확인 소송을 허용함으로써, 우리는 할 수 있는 한 하층계급 여성들의 위법 행위(사생아 출생)를 용인해온 셈입니다. 불법 임신으로 거의 언제나 물질적 여건이 나아지거든요. 아이 아버지가 잘살면 두 사람이 함께 저지른 실수의 열매를 양육할 책임을 남자에게 지울 수 있지요. 아버지가 가난하면 사회에 그 책임을 떠맡깁니다. 어느 쪽이든 그들이 받게 될 구호는

토크빌의 빈곤에 대하여

아이 양육비용을 초과하지요. 그래서 그 악덕으로 잘 지내
고, 때때로 여러 차례 임신한 여성이 처녀라는 유일한 미덕
을 지닌 여성보다 더 유리한 결혼을 하기도 하는 겁니다. 오
명의 지참금을 지닌 셈이지요."•

거듭 말하지만, 내 수첩의 이 글을 전혀 고칠 생각이 없다.
독자도 진실함과 소박함을 공유할 수 있으리라 여기므로, 그
내용을 그대로 다시 쓴 것이다.

내가 영국을 여행한 이후에 영국의 구빈법이 개정되었다
(1834년의 신구빈법. 1) 스핀햄랜드 법에 따라 제공하던 임금 보조와
아동 및 가족 수당을 폐지하고 구빈세를 축소하며, 2) 모든 빈민 구제에
는 열등처우의 원칙을 적용하고, 3) 빈민 구제 업무의 관리를 위해 행정
의 전국적 통일을 기한다는 것 등을 규정했다―옮긴이). 이런 변화로
빈자의 장래, 도덕성, 수 등에 커다란 영향을 미치리라고 많
은 영국인이 자신한다. 나도 그런 희망을 공유할 수 있으면
좋으련만, 그럴 수가 없다. 새로운 법에서 현재의 영국인은

• 이 책의 14쪽 본문과 주 참조.

200년 전 엘리자베스 여왕이 도입한 원칙을 재차 확인했다. 엘리자베스 여왕처럼, 영국인은 빈자를 먹여 살릴 의무를 사회에 부과했다. 그것으로 충분하다. 내가 묘사한 온갖 남용이 새 법에 담겨 있다. 그것은 마치 아이의 손아귀에 쥔 작은 도토리 속에 큰 참나무가 숨어 있는 것과 같다. 새 법이 발전하고 성장할 시간만이 필요하다. 가난한 인구를 늘리지 않고 빈자의 욕구와 더불어 태만을 증가시키지 않고 악과 동시에 나태를 늘리지 않으면서 정기적으로 영구히 그리고 균등하게 빈곤을 구제하는 법을 만들기를 원하는 것은, 땅에 도토리를 심으면서 움이 트고 잎이 나고 꽃이 피고 열매를 맺어, 언젠가는 숲을 이루게 되리라 상상하며 감동하는 것과 같다.

가장 자연스럽고 아름답고 성스러운 미덕이 재판에 회부되는 것을 나는 분명 원하지 않는다. 하지만 무슨 선이든 결과가 모두 선하다고 간주할 수 있는 원칙은 없다. 자선 행위는 정력적이고 합리적인 덕목이어야 하며, 나약하고 분별없는 성향이 끼어들어서는 안 된다고 생각한다. 기부자를 기쁘게 하는 것이 아니라, 수혜자에게 가장 유용한 것을 주어야 한다. 소수를 구하는 것이 아니라, 최상의 복지를 다수에게 제공하는 것이 필요하다. 나는 이런 방식으로만 자선 행위를 상상할 수 있다. 어쨌든 자선은 여전히 숭고한 본능이지만, 더 이상 미덕의 이름에 걸맞아 보이지는 않는다.

개인 자선은 거의 매번 유용한 결과를 만들어낸다는 사실을 나는 알고 있다. 개인 자선은 가장 큰 비참함에 온몸을 바치고, 드러내지 않고 불행을 찾아내며, 조용히 자발적으로 상처를 치유한다. 도움이 필요한 불행한 사람이 있는 어디에서든 개인 자선은 관찰될 수 있다. 개인 자선은 고통과 더불어 성장한다. 그러나 수많은 사건들로 개인 자선이 지연되거나 중단될 수 있으므로, 여기에만 경솔히 의지할 수 없다. 개인 자선을 찾을 수 있으리라 확신할 수 없고 고통의 비명마다 개인 자선이 이뤄지는 것도 아니다.

나는 구호를 규제함으로써 자선단체 구성원들이 개인적 박애에 더욱 활력을 불어넣을 수 있음을 시인한다. 또 무력한 유아, 노쇠한 노인, 병자, 정신이상 같은 불가피한 악에 적용된 공공 자선의 유용성뿐 아니라 필요성도 인정한다. 하느님이 가끔 백성에게 분노를 표출해 그의 손길에서 벗어나게 된 공공 재난의 시기에는 공공 자선이 일시적으로 유용하다는 것 역시 인정한다. 그럴 때 국가 구호는 예측하지 못한 만큼 자발적이고 악 자체만큼이나 일시적이다.

내가 이해하는 공공복지란, 빈민 자녀들에게 무료로 학교를 개방하고 노동을 통해 기본 생필품을 얻는 수단으로서 지식을 전하는 것이다.

하지만 나는 다음과 같은 일이 일어나리라고 깊이 확신한다. 빈자의 욕구 해결을 목적으로 하는, 영구적이고 정규적인 행정 제도는 그것이 해결할 수 있는 것보다 더 많은 비참을 야기하리라는 점이다. 예컨대 도우려는 사람과 안락하고 싶은 인구를 타락시키고, 이윽고 가난한 소작농과 다름 없게 부를 줄이고, 저축 재원을 고갈시키고, 자본 축적을 중단시키고, 무역 발전을 지연시키고, 인간의 산업 활동을 마비시킬 것이다. 구호의 수혜자 수가 기부자 수만큼 비대해져 가난해진 부자에게서 더 이상 욕구를 채워줄 수단을 얻을 수 없고, 도움을 청하기보다 단번에 부자들의 소유물을 약탈하는 게 더 쉽다는 걸 깨달을 때, 국가에 폭력적인 혁명이 일어나 결국 행정 제도는 파국을 맞을 것이다.

몇 마디로 요약해보자. 현대 문명의 진보적 흐름은 자선에 의지할 수밖에 없는 사람의 수를 점진적이고 점증적으로 늘릴 것이다. 이런 악을 치유할 수 있는 대책은 무엇일까? 먼저 법적 구호가 떠오른다. 모든 방식의 법적 구호, 이를테면 때로 조건 없는 방식, 때로는 임금(賃金)의 가면을 쓴 방식 등 말이다. 때로 우발적이고 일시적이며, 어떤 때는 정기적이고 영구적인 법적 구호가 있다. 이러한 해법은 매우 자연스럽고 효율적으로 보이지만, 아주 위험한 처방임이 철저한 조사로 신속하게 입증된다. 이는 개인의 고통에 그릇되고 순간적인 위로를 줄 뿐이며, 어떤 식으로 이용되든 사회의 아픔을 악화시킨다. 우리에게는 개인 자선이 남아 있다. 개인 자선은 유용한 결과만을 만들어낸다. 약점이라면 위험한 결과에 대비한 보장책이라는 점이다. 개인 자선은 수많은 비참을 완화할 뿐, 아무것도 해결하지 못한다. 산업계급의 진보적 발전과, 문명이 헤아릴 수 없이 많은 상품을 생산하고 그 상품들이 만들어낸 해악과 직면했을 때 개인 자선은 아주 무력해 보인다. 중세에는 개인 자선만으로 충분했다. 그때는 종교적 열정이 개인 자선에 막대한 동력이 되었고 그 과업이 어렵지 않았다. 오늘날에는 부담이 크고 강제성은 너무 미약해서 개인 자선만으로는 충분할 수 없지 않은가? 개인 자선은 경시되어서는 안 되는 강력한 대안이지만, 거기에만 의존하는 것은 현명하지 못하다. 개인 자선은 하나의 수단이지 유일한 수단일 수는 없다. 그렇다면 무엇을 해야 할까? 어느 방향으로 향해야 할까? 예견할 수 있지만 치유할 수는 없는 것을 어떻게 완화할 수 있을까?

지금까지 빈곤에 대한 재정적 접근을 검토했다. 하지만 이것이 유일한 접근일까? 악을 줄일 방법을 심사숙고해 미연에 방지하려고 노력하는 것이 유용하지 않을까? 산업이 인간의 욕구에 쉽게 부응하기 전에, 인간이 땅을 떠나 산업으로 몰려가지 않도록 인구의 급속한 이동을 막는 길이 존재할까? 자신들이 창출하는 번영을 저주하면서 부를 생산하는 사람이 없어도 국가 전체의 부는 계속해서 증가할 수 있을까? 제품의 생산과 소비 사이에 더 지속적이고 명확한 관계를 수립하는 것은 불가능할까? 산업적 재앙의 시기에도 노동계급이 죽지 않고 인생 역전을 바라며 저축하도록 도울 수는 없을까?

이 지점에서 나의 지평은 사방으로 넓어지고 주제는 성장한다. 길이 활짝 열리는 것을 보지만 이 순간 나는 그 길을 따라갈 수 없다. 이 글은 내 주제로는 지나치게 짧은데, 이미 준비하면서 생각한 한계를 넘어섰다. 예방적 차원에서 빈곤을 퇴치할 대책은 두 번째 작업 대상이 될 것이며, 내년 셰르부르 학회에 정중히 제출할 수 있기를 희망한다.

옮긴이의 글
가난한 사람들을 위한 나라는 없다

인류의 역사는 항상 빈곤과 함께해왔으며 우리 곁에는 늘 가난한 이들이 있었다.

옛말에 "가난은 나라님도 구제하지 못한다"는 말이 있다. 이 말에는 수천 년 동안 내려온 인류, 특히 지배층의 빈곤에 대한 의식이 녹아 있다. 빈민 구제는 가족 또는 기껏해야 마을 울타리를 벗어나지 못했다. 간혹 인정 있는 마을 부자가 빈민들에게 자선을 베풀기도 했지만 담을 허물어 부를 공유하기보다는 담 너머로 부의 일부를 던져주는 정도였다.

과거 신분제 사회에서 하층민은 농노로서 대부분 지배층의 소유였기에 가난은 가난한 사람들의 책임이 아니었다. 지배충에게 그들은 가장 쓸모 있는 소유물이었다. 사회적 격변을 겪으면서 누구의 소유도 아닌 개인으로서 새로운 빈민이 탄생했다. 중세 유럽을 휩쓴 흑사병은 인구를 감소시키고 동시에 수많은 사람을 유랑민으로 만들었다. 여기에 막 시작된 자본주의 산업은 원재료를 구하기 위해 농민을 땅에서 몰아내기 시작했다. 신대륙에서 양모에 대한 수요가 급등하자 경작지를 목초지로 전환하는 인클로저 운동이 일어났다. 농민 대신 양이 땅을 차지하고, 무수한 농민이 유랑민으로 내몰리게 되었다. 15세기 이후 영국에서 시작된 인클로저 운동은 대규모 유랑민과 새로운 빈민을 만들어냈다. 국가는 어떤 식으로든 유랑민의 증가를 억제하고 이따금 일어나는 폭동을 통제해야 했다. 이로서 영국을 필두로 구빈법이 만들어지기 시작했다. 1601년 엘리자베스 여왕이 구빈법을 제정하고 구빈세를 거두어 국가적 차원에서 행정기구를 통해 빈민을 구제하기 시작했다. 당시 부자들은 구빈세를 통해 자신들의 부를 빼앗긴다고 생각했다.

구빈법은 빈민을 구제하기보다는 통제를 위한 것이었다. 노동 능력이 없는 빈민은 구빈원에 수용해 보호하는 반면,

노동 능력이 있는 빈민은 구호할 필요가 없다고 판단해 작업
장으로 보냈다. 빈곤 아동의 경우는 도제 수습의 기회를 제
공하거나 고아원에 수용·보호했다. 하지만 구빈법은 1795년
에 폐지되고 스핀햄랜드 법이 제정되었다. 스핀햄랜드 법은
농촌의 노동력이 부족해지면서 농촌 빈민이 도시로 흘러들
어 임금 노동자가 되는 것을 막기 위해 모든 빈민에게 최저
소득을 보장하는 것을 골자로 한 법이었다. 스핀햄랜드 법은
농업노동자를 도시 산업에 빼앗기지 않으려는, 자본주의 시
장경제에 대한 봉건사회의 최후의 대응일 수 있었다.

당시 자유주의자들은 구빈법위원회 보고서를 통해, 스핀
햄랜드 법이 빈민의 노동 의욕을 떨어뜨리고, 보조금에 의존
하는 빈민을 늘리며, 재정적 파탄을 가져왔다고 비판하면서
이 법을 폐지했다. 스핀햄랜드 법에 이어 1834년 신구빈법
이 제정되었다. 신구빈법은 스핀햄랜드 법에 따라 제공하던
보조금을 없애고 노동 능력이 있는 모든 빈자를 작업장으로
보내고 구호 대상을 병자, 노인, 무능력자, 어린 자식이 있는
과부로 제한했다.

가난한 사람들을 구제하기 위한 법은 늘 논쟁에 휩싸였다.

그 한가운데에 알렉시스 드 토크빌이 있었다. 그는 노르망디의 귀족 가문 출신이면서도 시민적·정치적 자유를 옹호한 자유주의자로서 《빈곤에 대하여》를 썼다. 토크빌은 1835년에 출간한 《미국의 민주주의》를 통해 명성을 얻었다. 하지만 1833년 영국을 방문한 이후 당시 영국의 빈곤 상황 및 구빈법에 관한 문제점과 논쟁에 관심을 기울이면서 이 책을 썼다는 사실은 알려지지 않았다.

토크빌은 《빈곤에 대하여》에서 오늘날에도 논란이 되고 있는 빈민에 관한 법과 정책에 대한 생각을 펼쳐 보인다. 빈민에 대한 구제를 개인 자선과 공공 자선으로 나누고 후자, 즉 국가가 구빈법 제정과 함께 세금을 통해 빈민을 구제하는 공적 구호의 문제점을 제시한다. 그런가 하면 개인 자선은 부자와 빈자 간의 도덕적 유대를 꾀하고 두 계급을 화해시켜주며, 이러한 도덕적 유대는 법적 자선에서는 일어날 수 없는 일이라고 지적한다. 오히려 법적 구호로 인해 빈자는 당연한 권리로 여기고 부자에게 감사를 느끼지 않으며, 부자는 법을 통해 자신의 부를 빼앗아가는 빈자를 탐욕스런 이방인으로 여긴다는 것이다.

또한 법정에서 빈자들이 법을 악용하는 사례를 들려주면서 구빈법이 해로운 결과들을 낳고 있음을 보여준다. 구빈법은 게으르고 태만한 계급을 만들어내며, 이들은 산업계급이 희생한 대가로 살아가기에 빈민 구호를 규제할 필요가 있다는 것이다. 따라서 구빈법의 구호 대상을 아동, 노인, 병자처럼 불가피한 불행에 처한 사람들로 제한하고, 자연재해 등 공공 재난이 발생할 때에만 일시적으로 공적 구호가 필요하다고 지적한다. 토크빌은 자신이 이해하는 공공복지란 빈민 자녀들에게 무상 학교교육을 실시하고 배움을 통해 빈곤에서 벗어나는 수단을 알려주는 것이라고 말한다. 공공 자선에 대해 토크빌은 당시 자유주의자들과 견해를 공유하고 있으며, 프리드리히 폰 하이에크, 찰스 머리, 로버트 노직 등 오늘날 복지국가를 비판하는 신자유주의자들과 같은 선상에 있다.

구빈법에서 토크빌이 문제 삼는 것 가운데 하나는 노동 능력이 있는 빈자는 구호의 대가로 일을 해야 하는데, 그렇다면 "해야 할 공공사업이 늘 있을까" 하는 것이었다. 도움을 받아야 할 빈민은 많은데 해야 할 일이 없다면 과연 빈곤을 극복할 수 있겠는가 하고 묻는다. 또한 개인 자선은 아름답지만 수많은 일들로 개인 자선은 지연되거나 중단돼 결국 빈자들의 고통을 외면할 수 있으므로 늘 유용한 결과만을 가져오는 것은 아니라고 말한다. 산업사회에서 만들어내는 수많은 악폐에 직면했을 때도 개인 자선은 무력해질 수 있음을 환기시킨다. 적어도 개인 자선이 자선가의 변덕에 휘둘릴 수 있음을 인식하고 있었던 것이다. 그럼에도 당시 유랑민을 자본주의 산업경제에서 해고 등 비자발적으로 일자리를 잃은 실업자로 생각하고, 이 체제에서 나타나는 경기 침체가 사람들의 삶을 위협하고 있음을 연관 지어 생각하는 데까지는 이르지 못한다.

토크빌은 이쯤에서 《빈곤에 대하여》를 마무리하고 산업사회에서 양산되는 빈곤에 대한 대책은 다음 작업으로 넘기고 있다.

1830년대 신생국 미국을 여행하고 산업혁명을 경험하고 앞장서서 자본주의 산업사회로 진입한 영국을 돌아본 토크빌은 자신의 귀족적 배경에도 불구하고 귀족 사회는 끝나고 '민주주의'라는 새로운 유형의 사회가 도래하고 있음을 확신했다. 그러나 아쉽게도 '가난은 가난한 사람들의 책임이 아니며, 정직한 빈민·일하는 빈민'을 사려 깊게 생각하지 못했다. 또 빈민은 늘 우리와 함께하는 사람으로서 거의 모든 사람에게 닥칠 수 있는 불행의 증거라는 사실 역시 고려하지 못했다. 토크빌은 여전히 한 발을 신분제가 운명인 봉건사회의 귀족 가문에 담근 채 자신의 그림자를 넘어서지 못한 것이다.

이 책은 프랑스어로 쓰인《빈곤에 관한 회고록(Mémoire sur le paupérisme)》을 시모어 드레셔(Seymour Drescher)가 영어로 번역해 1997년 시카고 Ivan R. Dee에서 출판한《빈곤에 관한 회고록: 공공 자선은 나태하고 의존적인 사회계급을 양산하는가(Memoir on Pauperism: Does public charity produce an idle and dependent class of society?)》를 번역했다.

찾아보기

토크빌의 빈곤에 대하여